ちくま文庫

世界の猫の民話

日本民話の会
外国民話研究会
編訳

筑摩書房

世界の猫の民話【目次】

第三章　若者と虎の精――こわい虎と猫　135

第四章　ソロモン王の魔法の指輪――人を助ける虎と猫　165

第五章　ロンドン万歳――魔的な猫　213

世界の猫の民話

はじめに

本書は『世界の犬の民話』（ちくま文庫）の姉妹編として、猫とその一族であるライオン、虎、ピューマにまつわる話をまとめたものです。

現在、猫は犬と同じように世界中どこにでもいますが、家猫として私たちの生活に入ってきたのは、他の家畜に比べて比較的新しい時代になってからです。旧約聖書にはまだ猫の姿が見られません。エジプトでは有史以前から、猫をバステト女神の神聖な動物として崇拝していましたが、ヨーロッパにはおおよそキリスト紀元の初期に入ってきたのではないかといわれています。中国では六世紀頃とされていますが、十二支に猫があげられていないことからも、東アジアにおける猫の歴史はそれほど古くないようです。日本には八世紀以降、奈良・平安時代に仏教の経典をネズミの害から守るために、中国から輸入されたといわれています。

人間と猫との関係が深まった背景には、なんといっても農業の発達が大きくかかわっているでしょう。農作物を食い荒らし、伝染病を媒介するネズミの恐ろしさは、ドイツ中世の伝説「ハーメルンの笛吹き男」にも描かれています。

古代ギリシャやローマでは、イタチや山猫が猫の代わりをしていたようですが、大切な家畜が襲われるという危険もありました。穀物をネズミの害から守ってくれる猫の出現は、人々の生活にとって非常に大きなものだったにちがいありません。中国では天の神が、ヨーロッパでは聖マルティヌスやキリストが、猫をこの世に送り出したと伝えています。（第一章1、2、5、9）

人々は、猫を神からの有難い贈り物として受け入れ、生活に欠かせない動物として認めていたのでしょう。ヨーロッパでは猫を穀物の精霊とみなし、ドイツ北部では、刈り入れ時に「穀物の中に穀物霊がいるぞ」と、猫をリボンや花で飾りたてるという風習がありました。日本の石垣島でも猫は農業神の性格をもった訪問神としてとらえられています。

貧しい若者が猫のいない国に猫を持ち込み、財産を築く話は「ディック・ウィティントンと猫」ATU1651としてよく知られています。また、グリム童話の「三人のしあわせ者」では、ネズミがのさばっている島に猫を連れて行った三男が、ラバ一頭に積んだ金貨をもらいます。ところが、猫の鳴き声に困り果てた島の人々が、猫を追い出そうと城に大砲を撃ち込むと、猫は逃げ、城は焼け落ちてしまいます。人々は猫を必要として、それに高い価値を認めながらも、初めて見る不思議な生き物にとまどいを感じていたようです。（第七章4）

猫は犬と同じように家族の一員として大切にされています。しかし、犬が人間の友として忠実な面を持っているのに比べ、夜行性である猫は本来の野性味を失うことなく、自分の世界を持っている動物といえるでしょう。よく知られたペローの昔話「長靴をはいた猫」ATU545には人間と対等の立場、というよりも素朴な人間に知恵をつけながらしたたかに行動を進めていく猫が登場します。猫の知性、高い自尊心が表れている話です。（第四章4）。

イギリス民話としてよく知られている「猫の王さま」では、飼い主が道で出会った猫から「ドルドラムが死んだ」というのを聞いて、家に帰ってその話をすると、飼い猫は突然「ドルドラムが死んだって、じゃあ、おれが猫の王さまだ」と家から飛び出して、二度ともどってきません。突然口をきく不気味な猫は、実は人間と別の世界に住む魔性のものだったということなのです。（第五章6）

ヨーロッパの民間伝承によると、猫は九つの命を持ち、九回生まれ変わるといわれています。ドイツの俗信には「猫が年をとったら家から追い出さなければならない。

悪魔や魔女となって害を与えるから」とあります。日本でも長く生きた猫は化け猫とよばれ、魔性のものとされています。また、猫には予知能力があるとも、冥界の使いであるともいわれています。日常生活の中でも「猫が顔を洗うと雨が降る」(日本)、「家の近くで猫たちが悲しげに鳴くと、誰かが死ぬ」(ドイツ)などと耳にすることがあります。

キリスト教の世界では、猫は悪魔の使い魔として忌み嫌われ、夜になると魔女が猫の姿になって現れるといわれています。猫に変身し夜中に人を襲ったり、家畜に危害をくわえる魔女の話がヨーロッパの各地に残されています。中世ヨーロッパで人々を恐怖に陥れた魔女狩り、魔女裁判との関連も指摘されています。

猫は神としての一面を持ち、魔除けであると同時に魔物にもなるというさまざまな顔をもっています。その不思議で神秘的な性格から猫の魅力は計り知れないものであり、伝承の世界も豊かで、またそこから多くの文学作品も生まれています。

アジアでは猫の一族として虎が活躍します。韓国では、虎は古くから山神またはその使いとして信仰されています。「虎の眉毛」は日本の「狼の眉毛」と同じように、超自然的な力を持ち、目にあてると人間の本性が見えるようです。(第四章9、10)

さて、本書の構成は七つの章から成っています。章立ては『世界の犬の民話』のテーマにできるだけ合わせ、「犬」と「猫」の共通点や相違点などが見えるように配慮しました。並べて読み比べていただければ嬉しい限りです。

第一章は「最初の猫」と題して、さまざまな由来話に加えて、神話的な話を収めました。この世に猫が生まれた理由には、神さまから送り出されたとする他に、アルメニアやロシアでは、ライオンのくしゃみから生まれたと伝えられています。（第一章3、4）日常よく目にする猫のしぐさは、獲物を逃がしてしまった悔しさから生まれたということです。（第一章11、12）犬は猫の敵、猫はネズミの敵であるという伝統的な三者のいがみ合いの発端は『世界の犬の民話』に取り上げました。

第二章には、魔女が猫に変身するものと、魔法の力で猫に姿を変えられてしまう話を集めました。前者は伝説的な話として、後者は主に昔話として伝えられています。「粉屋の見習い小僧と猫」や「黒猫」（第二章5、6）では、粉屋の見習いが夜中に襲ってくる猫の手を切り落とし、その手から粉屋のおかみさんの正体が明かされます。伝説に多く見られる話ですが、昔話としては「こわがることを習いに出かけた男の話」ATU326に分類され、ヨーロッパに広く分布しています。魔女が猫に変身する伝説は本書シリーズの『世界の魔女と幽霊』（三弥井書店）にも収められています。

一方、昔話の中には魔女や魔法使いによって、人間が動物に変身させられ、再び元の姿にもどることで、幸せな結末を迎える話が多くみられます。「焼かれて死んだ魔法使い」（第二章13）では、森に迷った女の子は魔法使いに草の煮汁を飲まされ、白猫の姿に変えられてしまいます。人里離れた森に住む魔女は、薬草の使い手でもあるのです。結末は「ヘンゼルとグレーテル」ATU327と同じタイプの話になっています。

「ハンスと猫」（第二章16）、「白猫」（第二章17）や「トリーネとマリー」（第二章18）では、魔法で姿を変えられた猫が、主人公の援助者として登場します。これらの話のタイプは「蛙嫁」ATU402（第二章16、17）、ならびに「ホレおばさん」ATU480（第二章18）でよく知られ、世界中に広く分布しています。「ハンスと猫」では、主人公が猫を火の中に投げ込み、「猫の城」（第二章15）では魔法の根っこで呪いを解きます。それらの行為は、悪魔払いとして、四旬節や復活祭の祭り火に猫を投げ込む習慣や、薬用植物・アルラウン（魔法の根っこ）に、魔力があるとされているヨーロッパの民間信仰ともつながっているのでしょう。さらに、ヨーロッパの国々では白猫が幸運をもたらすといわれています。

第三章は「こわい虎と猫」の話です。ベトナムの「森の六人の子ども」（第三章1）では、凶暴な虎に襲われた子どもたちが、香辛料になるロミートの根で虎を撃退します。日本の山姥《やまんば》が菖蒲《しょうぶ》を恐れるのと似ています。「若者と虎の精」(第三章2)では若者を襲う虎の娘が、人間の美しい娘に変身しますが、動物から人間への変身はアジアならではの話でしょう。

第四章は「人を助ける虎と猫」です。人間を助ける昔話としては、「長靴をはいた猫」に次いで、争いながらも協力して飼い主を助ける「犬と猫と指輪」ATU560があげられるでしょう。世界的に広く分布する代表的な呪宝譚です。本書ではオーストリアの「猫伯爵マルティン」(第四章4)やインドの「ソロモン王の魔法の指輪」(第四章5)、ブルガリアの「パーベルじいさんの石」(第四章6要約)が同じタイプの話です。

中国の「黒猫娘」(第四章1)とインドの「王妃になった猫」(第四章2)は猫が人間の娘に姿を変えて、人間と幸せに暮らす話です。第三章2のベトナムの話と同様、動物から人間への変身は、東洋的な特徴です。第二章で紹介したヨーロッパの昔話との違いは、文化的なものでしょう。「黒猫娘」は日本の「浦島太郎」と「絵姿女房」のモチーフが合わさった興味深い話となっています。

第五章は「悪魔的な猫」です。見た目にはどこにでもいそうなごく普通の猫ですが、帽子をかぶると瞬く間にキンテイルからロンドンへと移動したり、妖精の仮の姿だったり、靴を欲しがったり、飼い主にもめごとの種を作ったりするなど、不思議で不気味な性格をもった猫のさまざまな姿が紹介されています。「ガット・マンミオーネと猫たち」（第五章8）に登場する巨大な猫の親分は妖怪ですが、「ホレおばさん」と同じタイプの話で、主人公の援助者になっています。

第六章には動物たちのつきあいとして、猫と他の動物たちの力関係や知恵比べの話をまとめました。「猫とワシと豚」（第六章15）は、グリム童話の「猫とネズミのとも暮らし」ATU15と同じように、ずる賢い猫がワシの雛と子豚を食べてしまいます。「ハジの猫とネズミたち」（第六章2）では、猫がメッカでネズミに迷惑をかけないと誓約をするのですが……。猫とネズミの敵対関係は解決することのない永遠のものといえます（第六章3、4）。「ネズミの喜び」（第六章1）の誰が猫の首に鈴をつけるかという課題は、私たちの周りでもよくあることです。人間社会を反映しているのかもしれません。「猫と仲間たち」（第六章13）は、「ブレーメンの音楽隊」ATU130でよく知られていますが、猫が他の動物とうまく協調する数少ない話です。

第七章には、猫のさまざまな話を集めました。「猫とろうそく」ATU217（第七章2、3）は猫がろうそくを持っていること自体信じがたい話ですが、ネズミを見たとたん、やはり猫は本性をあらわしてしまいます。その他、愚か村話、トリックスター、笑い話など多岐にわたる話を収めました。韓国の「手紙が来た」（第七章7）は日本の「古屋の漏り」でおなじみの話です。

本研究会の資料集は今回で九冊目になります。『世界の猫の民話』と大きくうたいながら、執筆陣の専門に限りがあることから、中近東、アフリカ、中でもどこの国よりも古くから猫が存在していたエジプト近辺の話を、含めることができなかったことは残念です。また、生活に密着している犬や猫だけに、各国に俗信も数多くありますが、紙面の都合で紹介することができませんでした。次の機会にまとめたいと思います。

本研究会の活動を常にあたたかく見守り、『世界の犬の民話』とあわせて二冊の出版を快諾してくださった三弥井書店の吉田榮治社長と、細かな心配りを惜しまずりっぱな本に仕上げてくださった吉田智恵さん、両氏に心からお礼を申し上げます。

二〇〇九年十二月

外国民話研究会

杉本　栄子

ATU分類について

世界中に分布する昔話には、細かいところでは違いがあっても、おそらく誰が読んでも、誰が聞いても、「ああ、同じ話だ」と感じることのできる話がたくさんあります。

そういうことに気がついた研究者が、「これは、植物や動物のように分類することが出来るのではないか」と考えても不思議ではありません。

それを実行したのはフィンランドの民俗学者アールネ（Aarne）でした。彼が最初に作成した分類をもとに、アメリカのトンプソン（Thompson）が一九六一年に増補改訂したカタログが、二人の頭文字をとってATとして定着していましたが、その後、資料の発見がふえたことから、二〇〇四年にドイツのウター（Uther）によって大々的に改編されました。現在はウターの頭文字を加えた、ATUが使われています。

分類は、動物昔話、魔法昔話、宗教的昔話、現実的昔話（ノヴェラ）、愚かな鬼（巨人、悪魔）、笑話と小話、形式譚に大きく分けられていて、一番から二三九九番まで通し番号が付けられています。また各項目はさらに細かく分けられています。

この分類にきっちり収まらないときはcf.（参照）記号を付けたり、複数の番号を＋記号でつないで表すこともあります。

より詳しくは、『国際昔話話型カタログ 分類と文献目録』（ハンス＝イェルク・ウターー著、加藤耕義訳、小澤俊夫日本語版監修、小澤昔ばなし研究所、二〇一六年）を参照してください。


（剣持）

凡例

・話の題名の下に民族（国名）、または国名〈地域〉を示した。
・本書に収めた話は、それぞれの言語資料から直接訳出したものである。訳者自身が聞き書きしたものについては、それぞれの話のあとにその旨を記した。
・各話の題名は原題にとらわれず、またほかの題名とかさならないように配慮した。
・本文中の原注は〔 〕で示し、語句に関する訳注は本文中に（ ）で示した。
・注のうち説明の長くなるものは本文中に〔注〕、（注）とつけ、話のあとに記した。
・話全体についての解説は、話のあとに記した。
・昔話の型のATU番号は、各話のあとに表示した。
・訳出した話の出典は、巻末にまとめた。

第一章

最初の猫——由来の話

1　恋しき天上界　プミ（中国）

むかし、地上にはただ山林と野原が広がるだけだった。人々は木の皮で衣類を作り、草の根を食料としていた。人々の生活が大変苦しいものであるのを知った天の神シーガは雀を呼ぶといった。

「雀よ、おまえにやり遂げてほしいことがある。今人間は穀物を食べられず、毎日木の皮や草の根を食べておる。これも穀物の種がないためだ。はやく人間たちに種を持っていってほしい。地上にいる人間が穀物を食べられるようにしておくれ」

天の神は雀にトウモロコシ、小麦、エン麦、ハダカ麦、カラシ菜、アブラ菜の六種類の穀物の種を持っていかせた。それからというもの人々は木の皮や草の根を食べることなく、穀物を食べられるようになった。

この時、天上のネズミが人々の間にも穀物があることを知って、こっそりと地上の人間界に降りてきた。農作物を台無しにし、人々の生活を不安におとしいれた。

天の神シーガはネズミが人間界にいき、人々の生活をめちゃめちゃにしているのを知ってたいへん怒った。

　そこで今度は猫を呼んでいった。

「人間たちがようやく穀物を食べられるようになったのに、今はまたネズミがおびやかしている。悪いことをするネズミを退治するために、早く人間界にいき、三日以内にネズミをつかまえてくるのだ」

　猫はおごそかに答えた。

「かしこまりました」

　猫が人間界に来て三日目、ネズミをつかまえた。猫は大喜びでネズミをくわえ、天上界にもどっていった。ようやく天の門に着くと猫は叫んだ。

「ネズミをつかまえてきました」

　しまった、ネズミをくわえているのを忘れていた。

　いい終わらないうちに、苦労して捕まえてきたネズミを地上に落としてしまった。

　猫は天の神のシーガのところにいくと、苦々しい結果に終わってしまった話をした。

　神はたいへん怒り、再び猫に命令を下した。

「おまえはもう一度人間界にいくのだ。人間界からネズミがいなくなった時、それが天上にもどってくる時だ」

命からがら地上に逃げてきたネズミは、この時以来、猫に対して特別に身を守るようになり、そのふるまいはどんどんずる賢くなった。猫は簡単にはネズミをつかまえることができなくなった。

一年、また一年と過ぎていった。猫はありとあらゆる苦労をなめたが、どうしてもネズミを完全につかまえることはできない。退治しきれないので猫は天上界に帰れなかった。天上界は猫のふるさとだ。一心に自分の家に帰ることを願ったが帰れない。こうして猫はいつも頭を傾け手を下にあてて天上を見るようになった。月日がたつにつれて猫は眠るときにはその手を頭の下にあて、両の目でまぶしそうに天上を見るようになった。

（三倉）

2　最初の猫

アイルランド

　あるとき、聖母マリアと御子イエスが旅をしていた。二人はひどく疲れていた。たまたま一軒の家の前を通りかかると、戸口で麦と籾殻《もみがら》をよりわける作業をしていた。聖母マリアは家の中に入っていき、小麦を少しばかり恵んでほしいといったが、その家の女主人はことわった。

「もう一度あの家に行って、神の御名において、と言って頼んでごらんなさい」とイエスが言った。

　聖母マリアは言われたとおりにしたが、家の女主人はまたことわった。

「もう一度あの家に行って、水の入ったバケツの中に手を入れて、その手を小麦の山に入れ、手についただけの小麦をもらってもいいか、頼んでごらんなさい」とイエスが言った。

　家の女主人は、今度はマリアの頼みを聞き入れてくれた。マリアがもどってくると、イエスが言った。

「手についた小麦を一粒も落としてはいけません。それはとてもとても大切なものですから」

しばらく歩いたあと、二人が今来たほうを振り返ると、たくさんの悪魔があの家に向かっていくのが見えた。聖母マリアは、悪魔があの女主人に悪いことをするのではないかと、心配した。

「心配することはありません」イエスがマリアに言った。

「あの家の女主人はあなたに、あれだけの施しを与えたから、悪魔は何も手出しをすることはできないのです」

二人はさらに旅を続け、水車小屋のあるところにやってきた。水車小屋の主人はマーティンという男だった。

「水車が動いているから、中に入っていって、あなたの持っているほんのわずかばかりの小麦を挽《ひ》いてもらいなさい」

「それぽっちの麦のために、挽き臼を動かすなんて、無駄だ」臼の番をしていた小僧が言った。

二人のやりとりを聞いていたマーティンは、小僧に言った。

「この人は、きっと小麦がとても入用なのだ。挽いてあげなさい」

マーティンはそう言うと、小麦を挽いて、石臼からでてきた小麦粉を全部マリアに与えた。

二人の旅人が水車小屋をあとにしてまもなく、マーティンは石臼から雪のように白い小麦粉があふれ出ているのに気づいた。この奇跡にマーティンは、今しがたここに立ち寄った二人の旅人が、神の御子とその御母マリアであることを悟った。マーティンは急いで家を飛び出すと、全速力で二人の後を追った。

野原を横切っていく途中で、サンザシの藪《やぶ》を通り抜けたとき、棘《とげ》が胸に突き刺さり、胸を切り裂いたが、夢中で走るマーティンは痛さも感じず、ただ胸に手を当てて走り続け、ようやく二人に追いついた。救い主はマーティンの胸の傷をみると、その上に手を当てた。すると傷はたちどころに治ってしまった。

イエスは、マーティンこそ神の御前に出るのにもっともふさわしい者だと言った。

「さあ、すぐに家に帰って、一握りの小麦粉を、伏せた皿の下におきなさい。明日の朝までは決して皿を動かすのではないぞ」イエスはマーティンに言った。

マーティンは家に帰ると、伏せた皿の下に、一握りの小麦粉をおいた。これを見ていた召使の女が、これはきっといいことにちがいないと思い、自分の印をつけた皿の下に同じように小麦粉を入れておいた。

次の朝、マーティンが皿を持ちあげると、皿の下からは、なんと、立派な雌豚と、一腹の子豚が出てきたではないか。召使が自分の皿を持ちあげると、一匹の大ネズミと子ネズミがたくさん出てきて、部屋中を走りまわった。即座にこれは悪い動物にちがいないと思ったマーティンは、急いで手から手袋をはずすと、ネズミめがけて投げつけた。手袋は床に落ちるやいなや猫になり、ネズミを殺しはじめた。これが猫の始まりである。

マーティンはそのとき以来、聖マルティヌスという聖人になった。しかしマルティヌスという名前の聖人はたくさんいるので、この話のマーティンがどの聖マルティヌスなのかわからない。（渡辺洋子）

3　ノアの方舟　ロシア

ノアの時代、神は人々を大罪により罰することとし、ノアに大きな方舟《はこぶね》を造るよう言いつけた。ノアが方舟を造り終えると、神はすべての動物を中へ集めるよう命じた。動物たちはみなノアの言いつけに従ったが、ただマンモスだけがどうしても中に入ろうとしなかった。言うことを聞かないのだ。

「おれは自分でちゃんとやる。おれは強いし、泳げるんだ」

確かにマンモスは強くて、しかもとても大きかった。熊よりもライオンよりも大きかった。

さて、ノアは方舟にすべての動物を入れた。(これはものすごく大きい方舟だ、この村くらいある)象も入れたし、熊も牛も羊も犬も。ただそのころ、猫はまだいなかった。

さて、人類の敵である悪魔、悪の親分がノアを、方舟を台無しにしてやろうと考えた。そしてノアがまだ方舟に入る前に、ノアの妻に夢をみさせた。夢の中で悪魔はノ

アの妻に、

「おまえは方舟にすぐには入るな。そんなことすればおまえは死ぬぞ。こうやれ。ノアが家族とともに入ってもすぐには行かないで、ノアが三度おまえを呼ぶまで入らずにいやがっていて、それから行け」

さて、ノアと家族が方舟にむかい、みんな入った。ノアの妻だけが夢で言われたとおり、行かないで突っ立ったまま、いばっていた。

「来い！　なんで来ないんだ？」

妻は突っ立ったままだ。

「来いってば！」

妻は動かない。そこでノアは叫んだ。

「来いよ、悪魔！　おまえに言ってるんだ！」

とたん、悪魔はネズミになって方舟に飛びこみ、その後からノアの妻も入った。

やがて大雨が降り続き、夜も昼も降りそそいだ。降って、降って、バケツをあけたごとく、昼もひねもす、夜もよもすがら、こんな雨はけっしてなかったし、これからだってないだろう。ただただ、降り続けた。全土は海となった。どこも踏み出せるところはない。すべては水、家はみな流された。人々は屋根にのり、木に上がったが、そこでも罪をおかすのをやめなかった。地上のすべてのものは滅びた。ただノアと妻と息子たち、その妻たちだけが方舟で水上をただよっていた。

その時、悪魔があらゆるものを滅ぼしてやろう、と決めた。方舟の底をかじりだし、穴をあけ、水を入れて沈めてしまおうというのだ。なんせ悪魔はずるがしこい、やるべきことを知っている。一方ノアは何も知らないでいた。ネズミが穴をあけきり、水が噴き出してきたときになって、ヤマカガシがこれに気づき、とんでいって自分の尻尾でこれをふさいだ。するとネズミは別な隅っこへいってかじりだした。

これを見たライオンがクシャン、とくしゃみをして鼻から猫をとばした。猫はネズミに気づくや飛びかかり、恐ろしい戦いとなった。悪魔がどれほど強くても、猫はともかくうち負かし、引き裂いた。なんせ猫は獣の王から生まれた者だから。

このことで、猫はその鼻面はけがれていても毛皮は清らか、教会へ入ることができる。でも犬は逆だ。その毛皮は悪魔の毛皮、教会のやしろへは入ってはいけないのだ。

（渡辺節子）

4 猫とライオン　アルメニア

ライオンがノアの方舟におさまっていた時、突然くしゃみをしたら、その鼻の穴から猫が飛び出した。だから猫はあんなにライオンそっくりなのだ。

（渡辺節子）

5　猫とキリスト　アルメニア

ある時、贋《にせ》予言者がキリストのいる前でくしゃみをしたら、鼻から二匹のネズミが飛び出した。するとキリストはネズミにむかってご自分の手拭きを投げてこう言った。

「祝福された者よ、呪われた者を捕らえよ」

手拭きは猫となり、ネズミをとらえた。ゆえに猫を殺す者には罪の許しと魂の安らぎはない、七回のミサを終えるまでは。


（渡辺節子）

6 身勝手な猫

アルメニア

ある時、主イエスが猫に言った。

「おまえは私に何をしてほしいか？」

「すべての家で大人も子どもも死んでしまって、年寄りと目の見えない者だけが残りますように。そうすればその人たちの食べ物を食べてしまっても見えないでしょうから」

主は怒り、猫を天国から放り投げ、以来、猫は「しっ、しっ！」とばかり言われ、足で蹴飛ばされるようにしてしまったのだ。


（渡辺節子）

7　猫とリス

ウドムルド（ロシア）

昔、森で猫とリスが一緒に暮らしていた。ある時、なんかのことで言い合いになり、別れ別れになってしまった。これを見た人間が猫とリスに言った。

「うちにおいで、おれんとこなら喧嘩《けんか》にゃならん」

リスは尻尾をくるっとやってトウヒの木にかけのぼってしまった。

「あんたのとこにゃいかないよ。森で暮らすんだ」

「来ないっていうんならおまえも撃つぞ、エゾライチョウとおんなじにな」

一方猫はミャウとないた。

「一緒につれてってよ、おじちゃん、ここで獣たちと一緒じゃ暮らしていけないよ」

「よしよし。おまえをネズミやクマネズミどもの王さまにしてやるぞ。うちで暮らしな」

猫は男のあとをついていき、リスは森に残った。以来、人はみな猫を手元においているし、リスをエゾライチョウと同じように銃で撃つのだ。


（渡辺節子）

8 猫が人と一緒に住むようになったわけ　プミ（中国）

こんな話が伝わっている。むかし、猫と豹《ひょう》と虎は三兄弟で、猫が長男、豹が次男、虎が三男だった。

ある時、三兄弟は狩りに行くことになり、途中それぞれの仕事を分けた。長男の猫が山の出口をふさぐ係、次男の豹と三男の虎は追いたてる係に決めた。長男の猫も賛成し、山の出口を守ることになった。長い間そこを守っていたが、弟たちが何かを追ってくる姿は見えず、寝てしまった。ちょうどこの時、弟たちが一頭のアカシカを追ってきた。あろうことか猫はぐっすりと眠っていたので、アカシカはいきなり猫の体の上を飛んでいってしまった。こうして、この日はまったく獲物がなかった。

次の日、三兄弟はまた狩りに出かけた。今度は豹が山の出口をふさぐことになり、猫と虎が追いたてにいった。すぐに猫と虎はきのうのアカシカを追いたててきた。ところがそのアカシカは別の出口から走り去ってしまい、兄弟はまたしても獲物なしで家に帰るしかなかった。

夜、虎は家で偉そうにいった。

「明日はおれが出口をふさぐよ。そうでもしなけりゃおれたち兄弟は相変わらず何もとれないぜ」

兄さんたちはこれに同意した。

三日目、空が明るくなると三兄弟は出かけた。その日、虎はとても熱心に出口をふさぐ仕事をし、猫と豹も気をつけて追いたてた。すぐにまたあのアカシカを追いたてることができた。アカシカは一つの出口を確かめると一目散に逃げ出した。虎がそこで待ちかまえていたなんてどうして知ることができただろう。アカシカはそこで虎に捕まえられてしまった。猫と豹がすぐにやってきた。この時虎は豹にいった。

「兄さん、おれたちは後から食べよう。どうぞ猫兄さんから先に食べてください」

猫は遠慮せず食べることにした。猫は食べに食べた。しかし食べたのはほんのネズミほどの一かたまりの肉だけだった。後から食べはじめた豹と虎はそのアカシカ一頭を食べつくした。食べ終えると虎はいった。

「猫兄さんときたらまったく食べることも、仕事も全然できないんだから。人と一緒にいて、人の食料を守ってやるためにネズミを捕まえるくらいしかできないさ。豹兄さんとおれはやっぱり山にいて追いたてた動物を食うことにしよう」

それからというもの猫は人のよき友となり、豹と虎はずっと山で生活している。
（三倉）

9　猫が大事にされるわけ

プミ（中国）

むかしむかし、人間界にビクハラジャーブという名前の神さまがいた。冥界には鬼神がいて、名前をサンクジダジャーブといった。神さまにはたいへん美しい妻がいて、その名前をヘイモザー(原注)といった。才色兼備な妻は口も達者だし、美しい錦《にしき》も織れた。一日で織れる錦ときたら、お日さまさえさえぎってしまうほどの長さだった。ヘイモザーはまた、馬に乗って弓を射ることも、刀や矛《ほこ》を振り回すことにも長けていた。戦場では一人の勇猛果敢な武将として、田畑では一人の有能な働き手として、また家の中では優しいよき妻でもあった。そんなヘイモザーを一目見た鬼神は何とかわがものにしようと考えたが、自分は神さまにはかなわないと思っていたので、ただ見ているだけでどうすることもできなかった。

ある日、神さまは用事ができ、すぐに天上にいくことになった。妻に、しばらくかかるから、といって出かけた。鬼神はそれを聞きつけると、願ってもないこの機会に、急いで神さまの家にいき、一匹の蜜蜂に姿を変えた。一日中ヘイモザーにまとわりつき、ぶんぶん飛び回っていたので、ヘイモザーはほとほと嫌気がさした。追い払おうとしても追い払えず、よけようとしてもよけきれなかった。そこでパッと一握りの灰を投げつけた。ところがなんと、鬼神はその投げられた灰の助けを借りて、恐ろしい風を呼んだ。

あっという間に天地は暗くなり、荒れ狂った風は天をさえぎり地をおおい、ヘイモザーを巻き上げると遠い遠い冥界に連れていってしまった。冥界に着くと鬼神はヘイモザーをわがものにしようと、あるときは機嫌をとったり、あやしたり、またあるときはやっきになって脅した。しかしヘイモザーは鬼神に屈することなく、ずっとわが夫のことを思っていた。どうすることもできない鬼神は、ただヘイモザーを暗くじめじめした牢屋に閉じこめておくしかなかった。

一方神さまは天上からもどってくると、妻が鬼神に連れ去られたことを知った。急いで宝剣を持ち、背中に弓を背負い、幾重もの高い山を越え、無数の川を渡り、苦労に苦労を重ね、昼夜を分かたず進むこと三か月。とうとう冥界との境《さかい》まで来た。境から少し入ったところで、豚飼いのおばあさんに会った。歩み寄って話しかけると、なんと鬼神の豚を飼っていることがわかった。そこでおばあさんにヘイモザーの行方を聞き、ようやく自分の妻が牢屋に閉じこめられていることを知った。その場所を聞き出すと、神さまはすぐさま法術を使い、おばあさんの服を着て、豚の群れを引き連れて鬼神の屋敷の中に入った。豚を中に入れると一匹のハエに姿を変えて牢屋に入っていった。ヘイモザーは自分の目の前に夫が立っているのを見てたいへん喜んだ。しかし果たして夫が鬼神に勝てるかどうか心配だった。

「鬼神との戦いに勝つには、知恵を働かせるしかありません。ただやみくもに戦ってもだめです。鬼神の胸には太陽のように光る鏡があります。もしその鏡を射抜くことができたら、鬼神はもう法術を使って変身することはできません。今晩鬼神のいうことを聞くふりをして、お酒を飲ませ、酔わせてしまいます。あなたは隠れて鏡を射抜いてください」

神さまもこのとおりにするのがいいだろうと思った。

夜になると、ヘイモザーは看守に付き添われて鬼神の部屋にいった。神さまは蚊に変身してぴったりと着いていった。鬼神の部屋に着くと、ヘイモザーは鬼神にいった。

「あなたのものになりましょう」

これを聞くと鬼神は大変喜んですぐさま手下に一番よい酒を持ってこさせ、ヘイモザーをはべらせると心ゆくまで酒を飲んだ。ヘイモザーが一杯、また一杯、と鬼神に酒をついだので、まもなく鬼神は泥酔《でいすい》した。ヘイモザーはこの機を逃さず、一頭の豚をひいてくると寝ている鬼神の前においた。鬼神はそれをヘイモザーだと思っていた。この時神さまは暗がりから鬼神の胸の鏡をめがけ弓に矢をつがえて射た。ダンという音がして一本の矢が鏡に命中した。鬼神は大声をあげて飛び起きると、神さまが妻を助けに来たのを知った。驚いた鬼神は大あわてで、ヘイモザーだと思いこんだ豚を丸飲みした。

それから刀剣を持ち出すと神さまと戦った。神と鬼神は、地上から天空まで戦い、天空から地上まで戦い、冥界から人間界まで戦い、天も地も真っ暗にして戦い、地を動かし山を揺らせながら戦った。戦い続けて九日間、向かい合うこと千回以上。それでも決着はつかなかった。このとき、何人かの神仙と人間世界の猛者どもが、神さまを助けに来て鬼神の周りを取り囲んだ。鬼神はどうしたらよいかわからず突然ぱっと逃げ出した。ところが神さまもぴたりと追いかけた。鬼神は振り返って戦うしかなかったが、もはや立ち向かう気力もなくし、取り乱しているうちに刀でたたき切られた。神さまはとうとう妻を救い出すことができた。

こうして鬼神は戦いで殺されてしまった。ところが、思ってもみなかったことだが、鬼神の頭髪、四肢、骨などすべてネズミに姿を変えてしまった。それから三年後には人の世のありとあらゆるところにネズミは出没した。まったく鬼神と同じようにネズミたちは悪事の限りをつくした。人々の食料を食べ、衣類を入れてある箱をかじり、部屋をこわし、さらには、赤ん坊まで食べてしまうほどだった。人々は平安な生活を送れなくなった。

そこで代表の者を一人、獣の神に派遣し、ネズミの制裁を願った。獣の神は人間界に三匹の猫をさずけ、猫を使ってネズミ退治することを人に教えた。猫を持たされた人は、その三匹の猫を籠《かご》に入れ、その上を木の葉っぱでおおった。うっそうとした大きな森を通り抜けようとしたとき、籠の上をおおっていた葉っぱが木の枝にひっかかって落ちてしまった。一匹の猫がこの機に乗じて籠から逃げ出し、果てしない森の中に入ると、虎に姿を変えてしまった。

その人は猫に用心して再び歩き出した。今度は何本かの木の棒を折って籠の上に刺し、さらに木の葉をかぶせて、道を急いだ。ちょうど川べりに来たとき、川の水をすくって飲もうとした。ところが、頭を低くしたとき、思いがけず籠の上にかぶせてあった木の葉が落ちてしまった。一匹の猫が木の棒のすき間からはい出して水の中に入るとカワウソになってしまった。

そこで最後の猫を落とさないように、また急いで木の棒を折って交差させて籠に刺し、自分の服を脱いでその上にかぶせ、さらに宝剣でその上から押さえた。このようにしてようやく猫を安全に人間界に持ってくることができた。
その後猫は繁殖を続けネズミを捕まえた。こうして何年もたたないうちにネズミはみんな猫に捕まえられてしまった。人々はまた安心して生活を送ることができるようになった。
それ以来今に至るまで、われわれプミ人は変わらず猫を尊敬し、神の使いとしてあがめ、正月や節句のたびに、まず最初に猫に好物を食べさせている。神聖な食べ物を載せる石台の後ろも、ただ猫だけがのんびりと気ままに行ったり来たりできるのだ。

（三倉）

原注　プミ語で仙女の意味

10　虎の額にある「王」の字　中国

むかし、母親と息子が二人で暮らしていた。母親は家で糸をつむぎ、息子は山に柴刈りに行き、どうにかこうにか暮らしていた。

ある日、息子が山に柴刈りに行った時、一頭の虎が突き進んできたが、ちょうどそこにあった木のまたの上にのどをはさんでしまった。それを見た若者は虎を助けてやった。こうして若者と虎は仲良くなり、虎はいつも若者の家に行き仕事を手伝った。

ある日、母親が虎に向かってグチをこぼした。

「こんなに家が貧しいので、息子に嫁をもらうことさえできない」

虎はそれを聞くなり行ってしまった。

次の日、母親が戸を開けると、布団でくるまれた娘を発見した。もう少しで嫁入りしようという娘を虎がさらってきて、家の戸の前に置いたのだった。娘は母親と若者を一目見ると優しそうなのでいった。

「私はもう家に帰ることもままなりません。あなたの息子さんの嫁になりましょう」

こうして月日はたち、やがて元気な男の子が生まれた。子どもは大きくなると、いつも虎に乗って遊んでいた。ある日、子どもは柴を刈っている時、宝物を見つけた。聞くところによれば、この宝物は、持ち主を状元[1]にしてくれるという。そこで子どもは都に科《か》挙《きょ》の試験を受けに行った。

ところがこの子どもは毎日遊んでいたので、ほとんど字を知らなかった。試験場ではただ他の人が問題を解いている姿を見るだけだった。とうとうたまらなくなって、例の宝物を取りだして遊んでいた。試験官は一目見るなり、こんな貧しい若者がどうしてこれほど貴重な宝物を持っているのか、とすぐに引っ捕らえてしまった。

虎は子どもが捕らえられたのを聞くと、おびただしい数の仲間を集め、都を取り囲んだ。

皇帝はこのありさまに肝をつぶし、直ちに勅令を下した。それは、虎を退治した者は誰であれ状元にする、というものだった。子どもはこのしらせを聞くと、虎が助けに来てくれたのを知った。担当官に自分は虎の群れを追い払うことができるといった。試験官が門の外に出すと、子どもはすぐに群れを率いている友だちの虎を探した。その虎は群れを後ろにちょっと下げたが、しかしそのまま立ちのこうとしなかった。皇帝はこれを見ると即座にその若者を状元にしたので、虎はようやく退いた。

虎が退く前、状元は皇帝にいった。

「虎が城を取り囲むのも、たいへんだったことでしょう。いうことを聞いた虎たちに褒美として何か食べ物をお与えください」

皇帝はそれを聞くとただちに、一頭の虎に一頭の羊を与えるように、という勅令を出した。ところがあまりの数の多さに、誰にやり、誰にやっていないのかはっきりわからなかった。そこで皇帝は少し考え、与えた虎の額に「王」の字を書いていった。

虎の額の上の「王」の字はこうしてできたものだ。　（三倉）

（1）科挙の試験で最高級文官の「進士」に首席で合格した者

11 猫と雀

モロッコ

ある時、猫が家の屋根で雀を捕えて、すぐに食べようとした。しかし雀は猫に言った。

「猫おじさん、貴族のお屋敷の人々は手を洗うまでは食事をしないものですよ」

貴族の家の猫になろうとした猫は怒って、雀を地面に置き、手足を洗いに行った。

猫が行ってしまうと、雀は飛び立ち、数秒前に猫に捕えられた同じ屋根で歌いはじめた。猫はすぐにもどってきたが、置いた場所に雀は見つからず、今朝捕えた高い屋根にいた。猫は雀に言った。

「今度おまえがわしの手に落ちた時は、決して食べる前ではなく、食べた後に手を洗おう」

これが猫が食べた後に手や顔を洗う理由である。

（三原）

12 猫が食べてから顔を洗うわけ

ブルガリア

ある日、一羽の雀がお百姓の家の庭先で気持ちよさそうにさえずっていた。しばらくして歌いおわると、雀はこぼれている麦粒をつついて食べはじめた。

そのとき、猫がしげみからとびだして襲いかかり、雀をしっかりつかんで食べようとした。

「猫さん、まって!」

雀は、ばたばたもがきながら言った。

「猫さん、なんてことするの。あなたは、すぐに食べたりして恥ずかしくないの。むかし、あなたのおかあさんは、けっしてこんなふうにはやらなかった」

「えっ、かあさんはどんなふうにやったんだ」

「ほんとうにりっぱな猫だったと、わたしの母親の、そのまた母親が言っていたよ。なにしろ礼儀があり、食べる前には、いつもちゃんと顔を洗っていたのだから」

それを聞くと、猫は、すぐに食べるのが恥ずかしくなった。

「なあに、それぐらいのこと、おれにだってできるさ」

猫はそう言って顔を洗おうとして、雀を押さえていた手をはなした。

すると、雀はすばやく逃げ、さっと、空を飛んでいってしまった。

「えい、雀、だましたな！」

猫は、くやしがって毛を逆立てたが、雀の姿は、すぐに見えなくなってしまった。

「よし、もう、二度とだまされないぞ！　おれはこれからは、はじめに食べて、そのあとからゆっくり顔を洗うんだ」

それからだって——。

この世の猫という猫が、みんな、ごちそうを食べてから顔を洗うようになったのは。

（八百板）

＊ブルガリアのバルカン山脈の山間にあるヤゴドボ村で、ツベタナ・トドロヴァより八百板洋子が採録。

13　猫の強み　アイルランド

あるとき、猫は一シリング（＝十二ペンス）手に入れた。そのうちの四ペンスでその家の女主人の不注意を買いとった。もう四ペンス払って、夜も昼も同じように見える目を手に入れた。そして、残りの四ペンスで、音を立てずに歩く才能をものにした。そのおかげでなんでも動くものを見たら、飛びかかって、捕まえることができるようになったのだ。

（渡辺洋子）

14 炉ばたの猫と外の犬　アイルランド

昔から、犬は寒い日も、雨の日もいつも外に出ているのに、猫はいつだって家の中の、炉ばた近くの、居心地のよい場所にいると、決まっていた。

ある日、雨にあって、ずぶ濡れになった犬は猫に言った。

「おれはいつも外で雨に濡れて、寒い思いをしているのに、おまえときたらいつも家の中で、いい気分で、のんびりとやっている。だけど、これからは、おれがおまえを家の中にいられないようにしてやる」

家の主人はこれを聞いて、この問題に決着をつけようと思い、猫と犬に言った。

「おまえたちは、明日競争をするんだ。家から五マイル走って、もどってくる。最初に家に帰ってきたものが、家の中の炉ばたの席をもらうことができる。競争に負けたものは、ずっと外にいることになるのだ」

「用意、どーん」

二匹は競争を始めた。折り返し点を過ぎたころ、犬は猫の一マイルも先を走っていた。その時、むこうから旅回りの職人がやって来た。その男は口を開けて走ってくる犬を見て、自分に噛《か》みつこうとして向かってきたのだと思い、手に持っていたステッキで、犬を思いきり叩いたのだ。叩かれた犬は走るのをやめて、男に向かって吠え出した。そして、叩かれた仕返しに、噛みついてやろうと、飛びかかった。

この間中、猫はただ静かに、家に向かってわが道を走っていたのだ。そして犬がようやく家に着いたときには、猫は火の前に気持ちよさそうに座って、体をなめていた。

「さあ」猫は犬に言った。「あたしが競争に勝ったから、家の中の火のそばの席は、これからずっとあたしのものになったね」

ATU200D（渡辺洋子）

15 自由の証書

ラトビア

かつて、自由の証書をもっていたころには、猫も犬も家の中でらくらくと暮らしていた。でもその暮らしは長くは続かなかった。というのも猫も犬も証書をちゃんとしまっておけなかったから。

猫は自分の証書を屋根裏部屋の柱のところにしまい、犬は犬小屋の隅に置いていた。ところが、クマネズミが猫の証書を見つけ、かじってしまった。

次の年、猫と犬はその後も家で暮らしていくために証書を見せないといけない時に、猫は証書をどこにもみつけられなかった。そこで奥さんは猫に家畜番を言いつけ、犬は家に残ることになった。

家畜番の苦労も夏の間はまだいい。秋になってほとんど毎日のように雨がふったりすると猫はほとほと嫌になった。犬のことが妬《ねた》ましくなって、なんかしてやろうという気になったのだ。ある夜、犬が夕飯を食べている間に猫は犬小屋に入り、証書をとって自分の枕の下に隠してしまった。

次の年、またも証書を見せることになった。猫は見せたが、犬は自分のをみつけることができなかった。さらに一年がすぎると、猫は犬の証書までなくしてしまい、それで猫も犬も働くはめとなってしまった。犬は家畜番、猫はネズミ捕りだ。以来、犬は猫にがまんならないのだ。

ATU200（渡辺節子）

16 仲の悪いピューマと狼　アパッチ（アメリカ）

昔々、ピューマと狼が競い合って、ありとあらゆる動物を殺しまわっていた。

ある時、ピューマと狼は、どちらが先に、夜明け前に、獲物をしとめるか、やってみようと賭けをした。どちらも自信たっぷり。ピューマは狼に言った。

「おまえは何もとってこないに決まっているが、おれは鹿を一匹とってくる」

「いや、このおれが鹿をとってくる」と狼はこたえて、二匹は出発した。

ちょうど日が登るころ、二匹はほとんど同時に鹿の角を持って帰った。どちらのも大きい。ピューマが少し早かったけれど、狼はふたりとも同時だったと言い張った。

「同じじゃない、おれの鹿が先だよ」とピューマが言う。すると狼は言った。

「おまえは、はいつくばって、かくれていたんだ。だから、へそもひざも痛いんだ。それがおまえのやりかただ」

すると、ピューマがこたえる。

「おまえは鹿をさんざんおいかけまわし、いきなりかぶりついた。そのほうがよくないやりかただ」

ピューマと狼が今も嫌いあっている理由は、こういう言い争いや、競い合いのためだ。（新開）

◆コラム◆　白猫パンガー

アイルランドの民話集の巻頭や、古い詩集にしばしば登場する「白猫パンガー」（または「僧と猫」）という詩がある。この詩は九世紀のアイルランドの写本の余白に書かれていたもので、オーストリアで発見された。

五世紀にローマ帝国が滅び、混乱したヨーロッパから、貴重な教典やギリシャ、ローマの古典が多くアイルランドに持ち込まれた。キリスト教の揺籃《ようらん》期にあったアイルランドでは、僧たちがこれらの書物をむさぼるように読み、筆写し、六世紀から九世紀頃までキリスト教文化の黄金時代を迎えることになった。やがて僧たちは彼らの筆写した書物を携えて、復興期のヨーロッパに布教の旅にでる。こうしてヨーロッパの古代文明はアイルランドで守られたのである。

小さい祠で一人書物を書き写していた僧たちは、仕事に疲れると、写本の余白に、彼らの日常や、周囲の自然を記した、つぶやきのような詩を書き残した。今日それらをアイルランドの初期の自然詩と呼び、いくつかの詩集に収められている。「白猫パンガー」もそんな詩の一つである。この詩には、貧しい祠《ほこら》で猫を友として、一人書物と向き合う僧の姿がありありと描かれている。僧たちがネズミに悩まされたことは、アイルランドの有名な装飾写本『ケルズの書』の中にも、聖餅《せいへい》をくわえたネズミを追う猫の絵が描かれていることからも、うかがい知ることができる。

わたしと白猫パンガーは
互いの仕事に忙しい
パンガーの心はネズミ捕りに夢中
わたしはわたしの仕事に精を出す

世の名声なぞなんのその
ひがな書物に向かう静かな暮らし
パンガーがわたしを羨《うらや》むことはない
パンガーにはパンガーの仕事があるからだ
家にいるときは二人きり
退屈などはどこ吹く風

われらはわれらの仕事に夢中
心ゆくまで楽しく過ごす

ときどき、パンガーの網に
迷いネズミがかかる
わたしの網にかかるのは
意味のわからぬむずかしい言葉

パンガーは壁に向かって
目を凝らす、キラキラ光る鋭いまなこ
わたしは知識の壁に向かって
目を凝らす、か弱いけれど澄んだ目を

鋭い爪でネズミを捕らえたとき
パンガーは喜び跳びはねる
長く心に抱いていた疑問が解けたとき

わたしは至福のときを味わう
われらはいつも、いつまでも
互いに邪魔をすることなく
平和に仕事に精を出す
わたしもパンガーもそれぞれの仕事に
日頃の努力は成果を収め
いまやパンガーはその道の師匠
わたしは日ごと夜ごとに知識を重ね
闇を光に変えていく

（渡辺洋子）

第二章

あの猫は私だった——魔女と猫

1 迷子の白猫　フランス

ある日、市へでかけたジャンヌは、迷子になったらしい、かわいい白猫に出会った。ジャンヌは白猫を布に包んで家へ帰ることにした。村まできて、とある家の前へさしかかったときだった。その家は、かねて魔女が住むと、札つきの家だったが、白猫がもがいて布をはねのけ、地面にとびおりて、走りながら「ありがとう、ジャンヌ」とやさしい声でいった。魔女が自分の家まで連れ帰ってもらうために編みだした方法だったのだ。

（新倉）

2　二人の女友だち　ドイツ

ある作男が畑を耕していると、いつも二匹の猫が近づいてきた。二匹はそれぞれ男にまとわりつこうとしては、もう一匹を押しのけた。そこで、二匹はいつまでも噛みあっていた。作男が二匹を追い払おうとしても、むだだった。二匹はくりかえしやってきた。

ついに作男は鋤《すき》の柄を取り、二匹に投げつけた。作男は一匹の足に傷を負わせた。するとの目の前に女友だちの一人がいて、足を血まみれにしていた。

「ああ、グレート、おまえだったのか！　行けよ、おれはおまえとはつきあわないよ」

と作男はいった。

「そうよ、逃げたもう一匹はトリエンよ」

とグレートはいった。

そのとき、そこからもう一匹の猫が逃げていったが、作男はもはやトリエンにもかかわりあうことはしまいと固く決心した。

（杉本）

3　あの猫は私だった　イタリア

モンタルティッシモに、仕立屋というあだ名で呼ばれる男が暮らしていた。ある日、仕立屋は、サルチという森の中で薪《まき》を割っていた。仕事をしている間、大きな黒猫が、くるみの木の上にうずくまって、うるさく鳴いて邪魔をしていた。仕立屋はがまんしきれなくなって、手斧をつかむと、猫の方に投げつけた。猫はいやな声で鳴いて姿を消した。

何か月かして、仕立屋は雌牛を一頭買うためにロンバルディアに行ったが、ある村を通るとき、「仕立屋！　仕立屋！」とよぶ声が聞こえた。そんなところに知っている人がいるとは思えなくてびっくりした。あたりを見回すと、片腕のない中年の男が見えた。

「どうしておれの名前を知ってなさる？　おれは一度も会ったことがないのに」

「そりゃあ、仕立屋、わしはおまえさんを、もちろんよく知っている。この腕を切ったのは、まさにおまえさんなのさ！」

「おれがだって！　ここロンバルディアで、どうしてモンタルティッシモにいるおまえさんの腕を切ったっていうんだい」

「あの日のことを覚えているかい。サルチであの日、猫に手斧を投げて、足を一本切ったときのことを？　あの猫はこのおれだったのさ。おれは魔法使いだったんだ。このけがのために、仲間から解放されたのさ。手斧を返してもらいたかったら、サルチにある大きな栗の木の根っこの下にある」

そして仕立屋は実際に、家に帰って、男が言った場所で手斧をみつけた。

（剣持）

4　銀の弾丸

イギリス〈スコットランド〉

銃に銀の弾をこめて撃つことで、魔女を傷つけ、その本来の姿にもどらせることができる。これにまつわる話は古くから伝わっているが、パースシャーの話によると、あるイギリス人の狩猟愛好家が、真夜中、山小屋で猟犬に囲まれてすわっていたという。そこへ、一匹の猫が入りこんできたのだが、犬たちは身じろぎすらしなかった。猫は火に背中を向けてすわったかと思うと、どんどんふくらんでいって、とうとう一歳の子牛ほど大きくなった。これを見たイギリス人は、着ていた服から銀のボタンをむしりとって銃にこめ、猫に向けて撃ちはなった。するとその獣は戸口からすっとんで出た。

狩猟愛好家は医者だったのだが、次の日、渓谷《けいこく》に向かう途中で、ある農夫に、妻が急に具合が悪くなったのでみにきてくれとたのまれた。その家に立ち寄った医者が、農夫の妻の右胸から取り出したのは、まぎれもなく、自分の銀のボタンだった。

（岩瀬）

5　粉屋の見習い小僧と猫　オーストリア

あるとき、徒弟が粉屋にやってきて、仕事をさせてほしいと頼んだ。もうずいぶん長いこと旅をしてきたので、そろそろまたちょっとは稼がなくてはということだった。粉屋はその徒弟が気に入った。きびきびしていて、元気がいい若者だったからだ。あるなんとも異常な困りごとが頭に浮かばなかったなら、すぐにでも雇ったことだろう。粉屋はひとしきり耳のうしろをかいたあとで、気乗りしない様子で話しはじめた。

「そう。今うちではほんとうのところ徒弟が必要なんだ。まさにおまえのようなやつがね。しかし、別な問題があってな」

「どういうことなんですか」徒弟はせきたてるようにいった。

「そうだな、きっとおれの言うことを信じないだろうが、こういうことなんだ。つまりだな、うちにやってくる徒弟を粉ひき小屋で寝かせると、きまって次の日に死んでいるのが見つかるってわけさ。いったい何がひそんでいるのか、いまだにとんとわからないでいるんだ。ともかくそういうことなんだよ」

「おれはね、これまでにこわがるほどのことをまだ経験したことがないんですよ。だからおれにやらせてください。もともと生まれつきのこわいもの知らずなんでさ」と、徒弟は笑いながらいった。

「いやだめだ。おまえのような若い命が失われたら、悔やんでも悔やみきれない。今までだれもさけられなかったんだから、おまえだけが例外ってことはありえないさ」と、粉屋がいった。

「こっちとしてはこわくもなんともないし、仕事をくれるんなら、いさせてもらうんですがね」

「おまえがどうしても自分の命を危険にさらしてみようっていうなら、しかたがない。やってもらうしかないか」と、粉屋はうれしさ半分、やけっぱち半分でそうこたえた。

さて、新米の見習い小僧はさっそく粉屋へ行って、もくもくと働いた。そして夜になると、ちょっと横になってはみたものの、ぜんぜん眠くはならなかった。それどころか、粉ひき小屋にいったいどんな妖怪があらわれるかと、じっと目をこらしていた。

とつぜん、一匹の大きなきれいな猫が見習い小僧の方へそろそろと寄ってきた。それからミァゥと鳴いて、背中を丸め、ゆっくりとしっぽを振りながら、小僧のまわりを忍び足でぐるぐる回りはじめた。今だとばかり、見習い小僧はこのうす気味悪い獣を追っぱらおうとした。

「シッ！」とか「あっちへ行け！」とか。ところがそんな言葉はまったくききめがない。小僧はだんだん腹がたってきたので、猫のしっぽをつかむと遠くまで放り投げた。ついに猫は鳴きながら、入ってきたドアから出ていった。

「待ちやがれ。もどって来い」そう思いながら、ベッドの上で横向きになると、邪魔されることなくぐっすりと眠った。

朝早く粉屋がやってきた。見習い小僧の遺体の始末をしようと思ったのだ。だから、小僧が歌をうたったり口笛を吹いたりしながらやってきて、猫の話を始めたとき、目を丸くして驚いた。

また日が暮れてきたとき、見習い小僧は小さな斧を持ってきて、ベッドにかくした。やがて夜になった。横になっていると、あの猫がミアゥと鳴いてしのびよってきた。今度は、おどして追い払ったりしないで、どんどん近づくままにしておいた。やがてベッドのすぐ近くまできたとき、見習い小僧はいきなり斧を取り出し、にんまり笑って猫の前足を切り落とした。

「これでやっと静かになった」こういうと、心安らかな気持ちでもう一度ベッドにもぐりこんだ。

一方、猫は悲痛な叫び声をあげながら、三本足でびっこをひきひきドアから出ていった。

また朝早く、粉屋が様子を見にやってきた。小僧は親方の姿を見たとたん、うれしくてたまらずに叫んだ。

「ちょっと見てくださいよ。あの獣が残していったものを。これでやつはもう二度とやってこないでしょうよ」

こういいながら、猫から切り落とした前足を見せた。粉屋は腹をよじって笑った。この新しい見習い小僧を弟子にできたのがうれしくてたまらなかった。さんざん笑ったあとで仕事にもどり、いつものように午前がすぎた。ただ、どうしてて今日はかみさんがまったく姿を見せないのか気になった。とうとう昼ご飯の時間になったが、台所では火がおこっている気配すらなかった。ついに親方の堪忍袋の緒が切れて、家中さがしながらかみさんを大声で呼んだ。

ところが、かみさんは姿をあらわすどころか返事もしないのだ。最後に階段を上って寝室へ行ってみた。するとかみさんはまだベッドに横になっていた。

「いったいどうなってるんだ。もう昼めし時だというのに、台所に火の気もないってのは」

「今日は料理ができないよ。ぐあいが悪くてね」

粉屋はいったいどうしたのかとじろじろ眺めているうちに、かみさんが自分の手をかばっているのに気がついた。そしてすぐに、手が切り落とされてなくなっているのを発見した。

「ああ、おまえだったのか！」

粉屋は怒りくるって階段を下りた。そして見習い小僧に自分が見たことを話してきかせた。小僧も、あの猫がまちがいなく親方のかみさんだろうし、そのかみさんは悪い魔女だったのだということがわかった。

ATU326 （星野）

＊中世ヨーロッパでは、徒弟が一人前になるまで、諸国を遍歴しながら親方のところで修行していた。ヨーロッパの昔話や伝説では、しばしば旅する職人が登場する。

6　黒猫　ドイツ

昔、粉屋の主人がいて、その主人は職人を雇うたびに、最初の晩にその職人の息の根が止められてしまうという不思議な目にあっていた。主人はそれがどういうことなのか、まったくわからなかった。主人は実直な男だったので、もう職人を雇うことをやめて、長い間自分で粉ひきの仕事をこなしていた。

ある晩、外でドアをたたく音がした。主人がドアを開けると、そこには仕事を探している旅の粉屋職人がいた。そいつの願いを知った主人は、首を振ってこういった。

「そりゃあ、また手伝いはほしいさ、だってだんだん階段はきつくなるしね、でもおまえさんを死なせるわけにはいかないよ。よく聞けよ、もし職人を雇ったら、今度もまた、最初の晩に息の根が止められてしまうよ」

職人はいった。

「じゃあ、おれがいなきゃあならないな。ともかくそれに賭けてみるよ」

主人が、職人にどんなに説明してやっても、職人はここで働くと言い張った。そこで、主人は食堂に、そこから製粉所へと案内して、家や製粉所の設備を全部見せた。主人は職人にすべてをまかせて、ベッドにいこうとすると、旅の職人はさらに斧と大きな箱から鍋いっぱいの小麦粉と火をくれるように頼んだ。主人は親切な男だったのですべてを持ってきた。それから主人はベッドに入り、職人は製粉所を片づけた。

家中が寝静まったころ、職人は台所にいって、小麦粉でおかゆをつくり、それを煮て十二時の鐘がなるまで待っていた。時間になると、黒猫が飛び込んできて、職人を恐ろしい目つきでにらんだ。職人は落ち着いて、怪物が飛びかかろうとしたとき、おかゆをふりかけた。すると、そいつは泣き叫びながら走りさった。それから、すぐに二番目の黒猫が現れ、それに三番目が続き、まもなく十一匹までになった。職人は熱いおかゆで猫たちを追い払った。

職人はすばやく斧をつかんだ。というのも職人はおかゆを少しずつ使っていたが、十一番目の猫でおしまいになり、十二番目の分はなかった。

十二番目はもうすぐそこにいた。ほかの猫も恐ろしかったが、その猫は一番恐ろしかった。勢いよく職人に飛びかかってきたが、職人は伸ばされた前足を切り取った。

ちょうどそのとき一時の鐘がなり、猫は消えた。切り取られた前足は人間の手だった。

次の朝、主人は心配しながら製粉所に入ってきた。無事に生きている職人を見ると心から喜んだ。職人は不思議なできごとを主人に話して、その手を見せると主人はびっくりした。だって、見なれたものが出てきたのだからね。

「だから、おまえはまだベッドの中で、泣いているのか」

主人は気がついてそういうと、乱暴に妻を起きあがらせた。なんと、妻の手は一本しかなかった。

この話はすぐに知れ渡り、お役人が調査をした。妻は自分が悪い魔女であり、他の十一匹の猫たちは、村の年寄り女たちで自分の協力者であることを認めるしかなかった。そういうわけで、粉屋の妻は火あぶりになり、ほかの女たちは首をはねられた。

このできごとはあわれな粉屋にはあまりにも荷が重すぎた。主人は子どもがいなかったので、職人に自分の製粉所をゆずると、まもなく死んでしまった。（杉本）

7　猫に化けた魔女　フランス

夜の集いでは、時々魔女のすることが話題になったよ。例えば、ピエトル村で、テイト・シャルロットという女が、夜になると、猫に姿を変えてあちこちの農家へ行っちゃあ、そこで起こることを見聞きしていたんだって。しまいにはみんな、黒猫を見かけるとおしゃべりを止めてしまい、疑り深い目で見るようになったそうだよ。

あたしが若いころに聞いた話だけど、ある家で、赤ん坊が続けてお産で死んじまったのさ。ある日、骨接ぎ医者が謎を解いたよ。あちこちの農家で赤ん坊が生まれそうになるたびに、一匹の猫が排水口から家の中に入っていくのを見ていたのさ。

ある時、ピエトル村でお産があることになっていてね。骨接ぎ医者は、真っさらの陶器の壺とバター一リーヴル（五百グラム）をくれと言ったんだ。そしてバターを泡立てて、量を増やしたよ。子どもが生まれそうになると、ほら、猫が入ってきた。そこで熱々のバターの入った壺を手にすると、バシャンと猫にひっかけてやったのさ。猫は鼻面にやけどをしたよ。次の日、みんなで隣の女のところに行くと、女はやけどをしていたよ。片方の頬に大きな赤い痕《あと》があったよ。それ以来、ピエトル村ではもう死産はなくなったって。そんな話を聞いたよ。（桜井）

8　ハリファックスの魔女「ベティばあさん」　イギリス

私が子どものころによく知っていた老人が、ハリファックスの魔女を捕まえて血を出させる(1)というむずかしい仕事を引き受けたそうだ。老人は先が三本になっているテーブル用のフォークを武器にして、魔女が夜に黒猫の姿で悪さをしているという家の炉ばたに陣どっていた。そして、魔女を捕まえる時のやり方どおりに、火の前でケーキを焼いていた。猫が入ってくるのは見えなかったし、音も聞こえなかったのに、突然、大きな黒猫が炉のそばにすわって顔を洗っているのに気がついた。

「ケーキがこげる」と猫が大声で言った。

「じゃあ、ひっくり返せ」と、魔女を捕まえに来た老人は言った。

「ケーキがこげる」と猫はもう一度言い、老人は同じ答えを何度もくりかえした。

男は、猫がやることを見ている間は絶対に神の名を口にしてはいけないと言い聞かされていた。長い間そのことを覚えていたが、見ているのに疲れたのと、何度もくりかえし「ケーキがこげる」という声で不安になったのとで、つい落ち着きを失って悪態をついた。[2]

とたんに猫は煙突をかけあがり、男も三つ又のフォークで猫を突き刺そうとしてよじのぼった。やっとのことで突き刺したのは、猫にさんざんひっかかれたあとだった。

次の日の朝、魔女はぐあいが悪くて寝こんでいた。何日かベッドに入ったままだったが、被害にあっていた人たちは解放された。

（岩倉）

（1）魔女がけがをして血を流すと、魔法のききめがなくなるといわれていた。

（2）悪態をつくことばには、たとえば「神に呪われろ」のように、「神」という単語がふくまれていることが多い。

9 三匹の猫　フランス

ストラスブール近くに住むひとりの農夫が、ある晩、三匹の怒り狂った猫におそわれた。必死に防戦して、かなりの打撃を加えたので、猫たちは退散した。それから一時間後、裁判官が、この農夫を出頭させ、三人の婦人に乱暴を働いたという罪で牢屋に入れた。

びっくりした農夫は、自分は、攻撃してきた三匹の猫をやっつけただけだといい、証拠として、運よくとっておいた、ひとつかみの猫の毛を提出した。農夫は釈放された。裁判官は、この事件の犯人は、悪魔にちがいないと信じて疑わなかったそうだ。

（新倉）

10　十二匹の猫　ドイツ

ゲルンハールのそばにあるノイエンホフでは、小作人がブランデーを醸造していて、そのために四人の職人が働いていた。

夜、みんながよく醸造用のタンクのそばにいると、十二匹の猫が入ってきて、ベンチの上に一列に並んで座った。職人たちはそれを楽しみにしていて、なんて行儀のよい猫たちだろうと、なでてかわいがった。

四人の中でひとりだけが、こんなことはまともではないと思ったので、ある晩、ほかの三人がタンクのそばで眠りこむと、眠ったようなふりをして、猫によく気をつけていた。

まもなく一番年をとった大きな猫が高いところに立って、話し始め、ほかの猫たちにたずねた。

「やつらは眠ったか？」

「やつらは眠りました」とほかの猫たちが答えた。

するとと年寄り猫がほかの猫たちと、明日の夜、眠った四人を殺してしまおうと決めた。

しかし、次の日、職人はすべてを仲間に話した。夜に十二匹の猫がまたベンチに一列に座ると、それぞれが大きなスプーンに沸騰したお湯をなみなみとすくって、猫たちにかけた。すると一番大きな猫が一番ひどく火傷をしたが、ほかの猫たちにもちゃんとかかった。猫たちはみな恐ろしい叫び声をあげながら出ていった。

次の日、ノイエンホフから二時間ほど離れたところで、十二人の女が火傷をしてベッドの中にいた。その中で一番年とった女はひどい状態で三日後に死んだ。年寄り女が四人の若者からあざけられ、魔女とののしられたので、ほかの十一人をそそのかしたのだった。

（杉本）

11　猫の穴

アイルランド

カンタークから少し離れたところに、バニグクリーという町がある。

ずっと昔、クリーナという女性がそのあたりの女王だったと言われている。クリーナには妹がいて、近くに住む若者を愛していた。ところが、クリーナも同じ若者を愛していたのだ。クリーナはその若者をひとり占めしようと思い、魔法を使って、妹と侍女を猫の姿に変えて、城から追い出してしまった。二匹の猫は城から走り去り、カンタークからそう遠くない、キャスルカーという町までくると、その町にある洞穴に住みついた。

クリーナは年をとると、若い頃自分が妹たちにしたことを悔やむようになった。そこでキャスルカーに来て、二人を人間の姿にもどそうと思った。しかし、その気になったときに、クリーナは自分の魔法の力がなくなっているのに気がついた。

二匹の猫はのら猫になって、そのままずっと洞穴に住んでいた。その洞穴は今でも「猫の穴」と呼ばれている。

（渡辺洋子）

12 猫とダンス　フランス

ある晩のこと、アンドゥイエの三人の男が、一日じゅう麦打ち場で働いたあと、から竿《さお》を肩にかついで陽気な気分で帰ってきた。とちゅう、四辻の近くまでくると、道の脇の畑にたくさんの猫が輪になって座っているのに気づいた。男の一人が、おどかしてやろうと、いたずら心でから竿をふりあげ、道ばたの土手に生えているハリエニシダの茂みを叩いた。

するとたちまち、猫の大群に囲まれてしまった。猫たちは肩によじのぼるものがあれば、腕にぶらさがるものあり、服にしがみつくものありで、口々に男の名前を呼んでさけんだ。

「ジャン・デ・ギヤール、踊ろうじゃないか、ジャン・デ・ギヤール、踊ろうじゃないか」

男はちっともそんな気分でなかったが、しぶしぶ踊りだした。いっしょにいた二人は、猫の大群を見るや、さっさと逃げだし、追いかけられることもなかった。ジャンは、猫が魔法使いだと見てとり、追い払うために踊りながら十字を切ろうとしたが、数匹の雄猫が腕にぶらさがっていたので、腕を持ちあげることができなかった。

　ジャンは長いこと踊ったあげく、息が切れて立ちどまった。そしてひと息つこうと、大声でさけんだ。

「もう長いこと踊っているのに、いったい誰のために踊るのかわからんよ。お願いだからちっとは神さまのために踊ろうぜ」

　こういったとたん、猫たちはさっと消えた。二度と猫の姿を見ることはなかった。しかしジャンは、まるでさんざん叩かれたかのようにぐったり疲れ、靴底には一本の鋲《びょう》すら残っていなかった。靴はほとんどまっさらで、しっかり鋲が打ってあったのにね。

（新倉）

13　焼かれて死んだ魔法使い　フランス

両親といっしょに田舎に住んでいた男の子と女の子がある日花を摘みにでかけた。どこまでも歩いていき、とうとう日が暮れてしまった。道に迷った子どもたちは家の方角がわからなくなり、さめざめと泣いた。すると目の前に魔法使いがあらわれて、どうしたのかとたずね、ついておいで、明け方までには私の家に連れていこうといった。

魔法使いの住まいには、あらゆる種類の動物たちがいて、みんなおとなしく暮らしていた。はじめは怖がった子どもたちも、だんだんなれて動物たちと遊ぶようになった。そのあいだ、魔法使いは水をいっぱい張った鍋を、さかんに燃える火にかけ、ぶあつい書物を読みながら、鍋にあらゆる種類の草をほうりこんだ。しばらくしてできた汁を子どもたちに一杯ずつ飲ませた。汁を飲むと、男の子は小鳥になり、女の子は白い猫になった。

魔法使いが出かけると、動物たちは大きな声でしゃべりあったが、魔法使いが家にいるときはじっとして声を立てなかった。この動物たちは、迷子になったか魔法使いにさらわれた子どもたちだった。みんな自分たちのこれまでのことを語り、家族のもとに帰って元の姿にもどりたいと願っていた。

ある日、魔法使いはパンを焼くために、かまどに火をおこした。パンが焼けると魔法使いは白猫を呼んで、パンを取り出すようにいった。白猫は、一度もやったことがないので、どうやってかまどの中に入ってパンを取り出せばよいのかやって見せて、とたのんだ。

魔法使いがかまどに入り、パンを取り出そうとして集めているとき、白猫はかまどの扉を閉めて魔法使いを中に閉じこめてしまった。これを見ていた動物たちは、魔法使いがかまどの中で焼け死ねばいいと思い、みんなで薪を運んできて、じゃんじゃん火を燃やし、魔法使いを完全に焼き殺してしまった。

白猫は魔法使いが開いたままにしておいた本を読みはじめた。読んでいくうちに、子どもたちを動物に変え、動物から人にもどすにはどうすればいいかがわかった。動物たちは力をあわせ、本に書いてあるとおりに草を煮て、元の姿にもどることができた。みんなはまた元の女の子にもどった白猫に、助けてくれたお礼をいって、それぞれ親の家に帰っていった。

ATU327（新倉）

14　猫と二人の魔女　フランス

昔、賢く美しい娘がいた。その娘には継母がいて、継母は娘が大嫌いだった。娘はアナイックという名だった。父親は娘を愛していたが、継母は、夫も娘を嫌うように仕向けるため、やれることは何でもやった。継母は、ある日魔女である妹に会いに行き、アナイックをやっかい払いするにはどうしたらよいかと相談した。

「父親に娘の身持ちが悪いと言ってごらん、家から追い出すよ」と魔女が答えた。

しかし父親は娘へのどんな悪口もまったく信じようとしなかった。それで継母は、魔女にまた相談に行った。

「じゃあ、ここにわたし特製の菓子があるから、これをその娘に食べさせてごらん。食べるとすぐに妊娠したみたいにお腹が大きくなるよ。そうすれば、父親もあんたの言う娘の不品行の話を信じないわけにはいかなくなるさ」と魔女が言った。

意地悪な継母は魔女のお菓子を持って家に帰った。そしてお菓子をアナイックに差し出して言った。

「ほら、この蜂蜜入りのお菓子をお食べ。わたしがおまえのために特別に作ったんだよ」

アナイックはお菓子を受け取るとなにも疑わず、喜んで食べた。やっと継母が自分に愛情を示してくれたと思いこんだ。しかし、まもなく娘の腹があまりにふくれたので、娘を見た人は誰でも妊娠したと思った。そしてあわれな娘はすっかり恥じ入った。どうしてなのかわからなかった。

そこで勝ち誇ったように継母が父親に言った。

「あんたの娘の素行が悪いと前から言っていたでしょ。あのお腹をごらんなさいな」

それで、父親はアナイックを樽の中に入れ、神のご加護にまかせて海に流した。樽は岩に当たって砕けた。アナイックがけがもせずに外に出ると、そこは何も生えていない島で、誰もいないようだった。絶壁の地下にできた洞穴に入ると、驚いたことに小部屋があり、ベッドや粗末な素焼きのつぼ、火の燃える暖炉などすっかり家具がそろっていた。この部屋には誰か住んでいるにちがいないと思われたが、長いこと待っても誰も姿を見せないので、ベッドに横になり、静かに眠った。

翌朝目を覚ますと、アナイックはやはり一人だった。起き上がると、朝食用に岩の間に貝を拾いに行った。それから一日じゅう島を歩きまわったが、人の住みかも、人の気配も見当たらなかった。夜は洞穴にもどり、またそこで静かに眠った。次の日も、その次の日もこうして過ぎていった。

月が満ちると、アナイックは「子猫」を産んだ。自分の産んだ生き物を見た娘の悲しみは大きかった。でも「これが神様のご意思なのだから」と思ってあきらめることにした。

そして子猫をまるで自分の人間の子どものように世話をした。

ある日、アナイックが自分の運命をなげいて泣いていると、猫が人間の言葉をしゃべりだしたのでとても驚いた。猫が言うには、

「くよくよしないで、お母さん。今度はわたしがお母さんの面倒をみる番です。ここで、お母さんがなんの不自由もないようにしてあげますよ」

そして洞穴の隅にあった袋を取って、肩にかけると外に出ていった。島じゅうを歩きまわり、お城を見つけると、中に入っていった。お城の人たちは猫が二本の後ろ足でまっすぐ立って歩き、人間の男のように袋を肩にかついでいるのを見てとても驚いた。猫はパンと肉とワインをくれと言い、あまりに奇妙なできごとなので、人々はとても断れなかった。袋をいっぱいにしてやると、猫は立ち去った。猫はまた、二日おきにやってきて、袋をいっぱいにしてもどった。こうして猫の母は洞穴で何不自由な

く暮らした。

　ある日、お城の若い領主がパルドン祭でけんかをして、書類をなくし、牢屋に入れられた。城ではみんなが嘆き悲しんでいた。猫はいつものようにやってくると、みんなの悲しみ、苦しみに気がついて、わけをたずねた。人々は猫に話して聞かせた。それから猫はいつものように袋をいっぱいにしてもらい、帰った。洞穴に着くと、猫は母親に言った。

「悲しみと嘆きがお城をおおっています」

「いったいなにがあったの」

「領主さまがパルドン祭でけんかをなすって書類をなくして牢屋に入れられたんです。でもわたしは明日、領主さまに会いに牢屋へ行くつもりです。領主さまがわたしの母と結婚してくれるなら、書類を見つけて返してあげると言うつもりです」

「領主さまがわたしをお嫁さんにしてくれるなんて、なんでそんなことを信じることができるの、おまえは」

「もしかしたらということですよ、お母さん。わたしにまかせてくださいな」

　翌日、猫は牢屋へ行き、領主さまと話をさせてほしいと頼んだ。しかし牢番はほうきを取ると猫を追い出そうとした。猫は牢番の顔に飛びつき片目を引きちぎると、壁をよじ登り、窓から牢の中に入り、領主に言った。

「領主さま、あなたは私ども、母とわたしをこの島に来てからずっと養ってくださいました。そのお礼に、あなたを牢屋から出して、書類をみつけてさしあげましょう、わたしの母と結婚するとわたしに約束してくだされば」

「なんと、猫や、おまえは言葉もしゃべるのか」と若い領主は驚いてたずねた。

「はい、しゃべります。わたしはあなたのお考えになっているような者ではありません。それで、母と結婚してくれますか」

「猫と結婚するだって、キリスト教徒であるこのぼくが。そんなことを言って、いったいどんなつもりなんだ」

「わたしの母と結婚してください。後悔することはありませんよ。わたしが保証します。明日までよくお考えください。明日またまいります」

そして猫は立ち去った。

翌日、猫は、若い領主の書類を携えて、またやって来た。そして書類を見せながらこう言った。

「ここにあなたの書類があります。母と結婚すると約束してください。そうすれば書類はお返ししますし、すぐ自由の身にしてさしあげますよ」

若い領主は約束し、釈放された。

猫の母には魔女の代母がおり、二人の様子をよく知っていた。代母は、猫の留守に母親に会いに来るとこう言った。

「領主さまは書類を返してもらい、あなたと結婚する約束をしたわ。猫が帰ってきたら、ナイフを取って、ためらわずに猫の腹を割くのよ。すぐに猫は立派な王子となり、あなた自身も目の覚めるほど美しい王女になるでしょう。それから領主さまと結婚するのよ。わたしは結婚式に、五十人の立派な騎士たちをお供に送りましょう」

猫が帰ると、母親は猫の腹を割いた。するとすぐにその皮から、豪華な衣装をまとった王子が出てきた。母親も目の覚めるほど美しい王女になった。五十人の騎士たちもやってきた。金ぴかの立派な四輪馬車が空から降りてきた。王子と王女は馬車に乗りこみ、五十人の騎士たちを従えて、お城へ行った。

窓から外を眺めていた若い領主は、自分のまったく知らないこのような一行がやってくるのを見てひどく驚いた。若い領主は一行を迎えるために、急いで下におりた。王子は王女の手を取り、若い領主の前に進むと、王女をこう紹介した。

「こちらが、あなたが結婚の約束をされたわたしの母でございます。どう思われますか」

若い領主は自分が見聞きしたことのすべてにすっかり動揺し、気が動転してしまい、言葉を失って、こうぼそぼそと口走っただけだった。

「神さま、なんてきれいな王女、ああ確かに、でもいったい、なんと名誉な……」

即座に結婚式は挙げられた。すばらしい結婚の宴の間、何も見えないのに、天国でしか聞けないようなうっとりする音楽が聞こえた。新婦の代母の魔女が目に見えない音楽家たちを送ってくれたのだ。代母は金の立派な四輪馬車もくれて、こう言った。

「プシットと言うだけで、わたしの魔法の馬たちはあなた方を乗せて空に舞い上がり、どこでも好きなところに運んでくれるわ。でもお父さまのところにもどるなら、継母に抱きつかれないよう十分気をつけるのよ。お父さまについては何も言いません。好きなだけ抱きしめてもらいなさいな」

みんなが四輪馬車に乗りこむと、馬車はすぐに雲の上へと舞い上がり、まっすぐにアナイックの父の家へと連れていった。父親はすぐに娘とわかり、再会をとても喜び、娘をやさしく抱きしめた。継母は怒り心頭に発していた。しかし、意地悪な継母はそらとぼけて、娘に抱きつこうとした。しかし王子が継母に叫んだ。

「おい、わたしの母に抱きつくな。相応の報いを受けてもらおう」

大きな火刑台に火をつけると、継母とその娘と、妹の魔女もそこに放りこんだ。

その後、八日間にわたって、大きなお祭がもよおされ、あらゆる種類の競技や音楽、踊りに大宴会が毎日続いた。（桜井）

15　猫の城　スイス

ある夏の夜、一人の騎士が馬で森の中を通っていた。騎士はさわさわと流れる泉のそばで休息するために、深い茂みの中で馬からおりた。すると突然目の前に灰色の猫の一群が現れた。その不思議な群れはニャオと鳴いたり叫んだりして、けもの道を指し示したので、騎士は馬をあやつって、そのあとについて行った。灰色の動物たちは先に立って、ぴょんぴょんと踊るように跳びながら道案内をして、まじめな騎士をくすっと笑わせた。

この風変わりな道案内人は藪や灌木《かんぼく》の間を飛びはねて、騎士と馬と猫たちは緑の丘の上にかすかに光っている城の前までできた。猫の行列はおかしなしぐさで、騎士を大きな玄関の間に案内した。騎士は馬を大理石の柱につなぎ、ずっと猫につきそわれて大広間に入ると、きらびやかな王座にすばらしく美しい二匹の猫が横たわっていた。一匹は白、そしてもう一匹は黒で、そのほかの猫たちは明らかに忠誠を示す身振りで近くにいた。

騎士が城の風変わりな主人に話しかけようとしたとき、奇妙なことに気がついた。あっという間にひとりで、極上の夕食の用意されているきらびやかな部屋にいた。騎士はすばらしい食事を食べて、深紅で明るく輝いたワインをたらふく飲んで、隣にあるすばらしい部屋の絹のベッドで休んだ。まもなく本格的な眠りに落ちた。しばらくすると、絹の布団が引っ張られ、騎士が目をさますと、黒い猫が次のようにいった。

「数年前までわしは権力のある侯爵で、白い猫はわしの娘、灰色の猫たちは家来だった。悪い魔法使いがやってきて、勝手にわしらみんなを猫に変えてしまった。もしおまえに勇気があればだが、今晩向こうの丘に登ると、そこには三つの金色の十字架が光っている。真ん中にある十字架の足元にある魔法の根っこを取ってきて、それでわしと娘と家来たちに触れれば、おまえはわしらみんなを自由にすることができるのだ。そうすれば、おまえはわしの娘を妻にして、一緒にわしの国を治めることができる。だが、危険があることも警告しておこう」

騎士はすぐに刀をつかむと、神を信じて暗闇に出ていった。騎士が山に登りはじめると、そこではまるで地獄の扉が開いたかのように、何かがしきりにほえる声がしてきた。空はザワザワ、ミシミシととどろき、裂け目からおそろしいものが立ち上り、雷が落ちた。しかし、騎士は気にしないで先に進んだ。騎士は三つの十字架が立っている高みに行くと、ためらわずに魔法の根っこアルラウン(1)を折った。そのあいだ山の奥深い底は揺れていた。

騎士が再び谷間におりると、おそろしいものはみんな消えた。そして、城の門の前には猫侯爵と家来が待っていた。騎士がアルラウンでみんなに触ると、そのとたん、宮廷の中には無数の光が流れこみ、きらびやかな宮廷の人々が照らしだされた。王座には威厳のある老人、その隣には優雅な王女、そして次の輪には豪華な宮廷服を着た騎士や貴婦人たちがいた。王さまが騎士に合図をして呼びよせると、恥ずかしさで赤くなっている娘の手を騎士の手に重ねた。そして祝宴はいつまでも続いた。

（杉本）

（1）オリエント起源のナス科の薬用植物で、根の形が人体に似ている。魔力を持ち、富や幸せをもたらすと信じられ、まじないにも用いられた。

16　ハンスと猫　ドイツ

三人の息子がいる父親がいて、その末っ子は兄たちからいつも「ばかなハンス」と呼ばれていた。父親は金持ちで、すばらしい白馬をもっていた。この世でいちばんきれいな馬の轡《くつわ》をもってくることのできる者が、この馬を相続することになっていた。そこで二人の兄さんは出かけていったが、ばかなハンスは連れて行ってもらえなかった。そこでハンスは長い間父親の世話になっていたが、とうとう父親から幸せを探しに行く許しがでた。ばかなハンスは旅にでかけたが、どこで轡を手に入れたらよいのかわからなかった。

長い間あちこち歩き回ったすえ、ある晩のこと、ついに小さな家にたどりついた。家に入ると、家の真ん中で、小さな美しい猫が赤い絹のクッションの上でくつろいでいるのを見つけた。それがあんまり不思議だったので、ハンスは「こんにちは」さえ言うのを忘れていた。

すると、猫が顔をあげて言った。

「ハンスさん、『こんにちは、猫おくさん、こんにちは』って言って」
ハンスはもっと驚いて、言われたようにした。
「ハンス、私のところで働かない？　私はおまえのほしい物を知っているし、おまえがきちんと勤め上げたら、それが手に入るでしょう」
ハンスはよろこんで、轡を手に入れるために一年間猫のところに雇われることになった。

　翌朝ハンスは早起きして、斧をつかむと、命じられるまま、ちいさな家の周りにある木を切り倒しはじめた。年期がおわるころにはハンスはこの仕事を完成させ、この世で一番きれいな轡を手に入れた。

　ハンスがこれをもって父親のところに帰ると、そこにはもう二人の兄さんもいて、それぞれ美しい轡を持ち帰っていた。しかし、ハンスの轡が一番なのは、疑いようもなかった。

　しかし二人の兄はあれこれ反論してこの勝負は無効だと言い張り、ハンスは偽物の轡をもってきたから、と言ってさらに異議をとなえた。

　父親はうんざりして、このいざこざを終わらせるために、三人にもう一度旅に出て、一番すばらしい鞍《くら》をもってくるように、と言いわたした。

ハンスはまたあの小さな家にやってきて、家に入り、知り合いがするように親しげに、あいさつした。

「こんにちは、猫おくさん、こんにちは」

「いらっしゃい、ハンス。おまえがほしい物はわかっているわ。あしたまた斧をもって、去年おまえが切った木を割るのです」

ハンスは、よろこんで、また自信をもってこの仕事にとりかかり、決まった一年の期限内にすべてやりとげた。そこで、ハンスは望みどおり、ほうびとしてこの上なく美しい鞍を手に入れた。

家に帰ると、兄さんたちも帰っていて、こんどもまたいろいろ異議をとなえたため、父親は三人に一番美しい王女を連れてくるようにともう一度送り出した。

ハンスはがっかりしてもう一度あの小さな家にいき、いつものようにあいさつした。

「こんにちは、猫おくさん、こんにちは」

でも、その言葉を口ごもって話したので、悲しげで絶望的に聞こえた。

小さな猫の方はたいそう機嫌よくあいさつをし、今年は前の年に割った薪をみな整え、一つの大きな四角い山にするように言った。

ハンスがみんなやり遂げると、猫はその薪の山に火をつけ、自分をその上に投げこむようにと言った。ハンスは悲しくて心臓が破れそうだった。それというのもハンスはこの猫を愛していて、むごたらしく猫を死なせたくはなかったからだ。でも、やれと言いはるので、とうとう猫を火の中に投げこんだ。

そして、いとしい女主人の死を悲しみ、兄たちのあざけりをおそれながら、たった一人で家に帰った。兄さんたちはすでに家に帰っていて、驚くほど美しい王女を連れ帰っていた。

次の日、父親が決定をくだすことになっていた。

ハンスが家に入ると、おそれていたように、「ばかなハンスはだれも連れて来られない、ってわかっていたさ」と嘲笑とあざけりを浴びせかけられた。

ハンスは暖炉の並びの角に、だまって恥ずかしそうに座っていた。悲しみと疲れのため、まもなく眠りこんだ。兄たちと王女たちは笑い、なおもばかな弟のことをあざけり、明日はどうなるのだろうかと楽しみにしていた。

さて、父親が決めるときになったが、だれが一番美しいかを言いかねていたとき、四頭の馬に引かれ、四人の従者をしたがえたすばらしい馬車がやってきて、中から若くて、いままでだれも見たこともないほど美しい女性がおりてきた。その女性はすぐにハンスのことをたずね、ハンスはその女性のまえにやってきた。目を上げてその女性がだれだろうと見つめたままで、興奮のあまりあいさつを忘れてしまった。

その女性は言った。

「あなたの忠実な仕事が無報酬であってはなりません。あなたは私を悪い魔法使いの手から救ってくれました。そこであなたは私と一緒に私の父親の城にきて、私の夫となり王になってください」

ハンスはよろこんでそうするとだれもが思ったことだろう。ところがハンスの父親は、ハンスの悪い兄たちを追放し、ハンスは父親の死後あの美しい白い馬を相続した。ハンスは王女と末永く幸せにくらし、自分たちの国を治めた。　ATU402（高津）

17　白猫　フランス

昔、一人の王がいた。王には三人の息子がいたが、のこしてやる王国はひとつだけだった。

王は息子たちにこの王国をどのようにして分け与えるか悩んでいた。息子たちを呼んで王はいった。

「おまえたちのうちの誰か一人に王国を継いでもらいたいと思う。だが、それは勝ちとらなくてはならないのだ」

王は、めいめいに小さな籠をわたして、中に手を入れてはいけないといい、さらにつけくわえた。

「この籠の中に、世界に類のないほどかわいい子犬を入れてくるのだ」

三人の王子はそれぞれ思い思いの方向へ子犬を探しに出発した。

末の王子は、深い森に入って狩りをした。狩りに夢中になっているうちに暗くなり、嵐におそわれて、来た道がわからなくなった。ずぶぬれになった王子は、深い森の中でどうしたらよいのやらとほうにくれた。おそらく野獣もいるだろうし、なんとしても逃げださなくてはと思った。王子は明かりをみつけようと木に登った。明かりがひとつみつかったものの、とても遠いところだった。どうにか道をたどり、明かりの見えたほうにたどりついてみると、城があった。門をたたくとネズミがでてきて、「どうぞお入りください、王子さま、お待ちしていました」と扉を開けてくれた。通された部屋に入ると、暖かい火が燃え、着替えが用意されていた。

「いったいここはどこなのか。この城は？　知る人は誰もいないのに、待っていてくれるとは？」王子はつぶやいた。

そうこう思案していると、二匹のハツカネズミが食事のしたくができたと迎えに現れた。食卓には二人前の食事が用意されていた。王子が座るとすぐ、美しい白猫が現れて、

「いらっしゃいませ」とあいさつした。

それからの一週間は、毎日がお祭りのように楽しくて、王子は帰る気がしなかった。子犬を探すようにという父の命令を忘れていたのだった。そのことに気がついた王子は、物思いに沈むようになった。王子が悲しそうにしているのを見て、白猫は、どうしたのか、どうして悲しそうにしているのか、そのわけをたずねた。王子が父王の命

令について話すと、白猫は、

「悩むことなぞありませんわ。必要なものはなんでも手に入りますから」といった。

翌日、王子は出発することになった。白猫は、木馬と大きなプードル犬と籠をわたしていった。

「この籠は、お父上が、何を見つけたかとおたずねになったときに開けてください」

父の王宮にもどったとき、兄たちは王子のおかしな馬車を見て笑いだし、気が変になったのではないかとばかにした。まず上の王子から、探してきた子犬をだしてみたが、王は気に入らなかった。二番目の兄も同じだった。それで王は末の王子に、「おまえのを見せてごらん」と命じた。

「ぼくのは大きなプードル犬ですけど」

そういいながら王子が籠のふたを開くと、世にもかわいらしい子犬がとびだしてきた。王国を勝ちとったのは末の王子だった。

王は息子たちにいった。

「ご苦労だった。しかしもう一つやってもらわなくてはならん。刺繡《ししゅう》用の細い針のめども通るような布を、四百オーヌ（五百メートル）持ってくるのだ」

三人の王子はまた出発した。末の王子は白猫に会いに行こうと思った。でも期限は

三日しかない。白猫は王子に会うなり、

「またもどってこられることがわかっていましたわ」といった。

王子が父王の命じたことを話すと、

「お聞きくださいい、王子さま、わたしは糸を紡《つむ》ぐネズミとハツカネズミを持っています。ご入り用のものをそろえてさしあげますわ」

三日目に、白猫はまた木馬を用意して、その背中にまるでキャンバスのような分厚い布の大きな包みをのせ、小さな箱を王子にわたした。

「お父上が見せろといわれるまでこの箱を開けないでください」

王子は王宮にもどってきた。王は布を見せるように命じた。上の王子が布を見せたが注文のとおりではなかった。とても針のめどを通る布ではなかった。二番目の王子のも同じだった。末の王子は、「ぼくの布はこんなのだけですが」といって箱を開けた。中には、どんな細い針のめども通るような布が四百オーヌ入っていた。王は、「おまえの勝ちだ。だが、もう一つやらなくてはならない。おまえたちには妻が必要だ。その女性は、この世でもっとも美しくなくてはならない」

「困ったな、あの城にはネズミとハツカネズミと白猫しかいないものな。どうしたらいいのやら」と王子は思った。期限は一か月ときめられた。

白猫の城に行くと、おいしい料理でもてなされた。王子はためいきをついて悲しそうな顔をした。なにを望んでいるか、とても口にすることはできないからだった。白猫は王子に問いただした。

「なにかご不満がおありなの？」

「そんなことはないけれど、ただひとつ、気がかりなのは、このお城には女性がいないので、よそへ探しに行かなくてはならないことです」と、王子は答えた。

すると白猫は王子を責めた。

「わたしの持っているすべてをさしあげたのに、わたしを当てにしてはくださらないの？　白猫とは結婚したくないの？」

王子はちょっと考えて「いえ、結婚します」と承諾した。

王子の、承諾するという言葉が口からでたとたん、音楽の演奏がはじまり、城じゅうがお祭りのようににぎやかになった。出発の日がやってきた。白猫は四匹のハツカネズミを馬車につなぎ、御者にはネズミを、従者にもネズミを配置した。この一行で王宮に到着すると、兄たちは、末の王子は頭がおかしいぞと、またもやあざけって笑った。兄が連れてきた女性は合格しなかった。二番目の兄も同じだった。王は末の王子に、

「さあ、おまえの番だ」といった。

「ぼくにはこの白猫しかいません。この人を妻にします」

王子がこういったとたんに、火車に乗った妖精が現れて、白猫とお供の者たちを杖でたたいた。すると白猫はこの世でもっとも美しい王女に、ハツカネズミは馬に、ネズミは御者と従者に、すべて必要なものに変わった。

妖精は王子にいった。

「よいことをしてくれましたね。王女は、どこかの王子がプロポーズしてくれるまで猫に変身させられていたのですから。あなたはこの世でもっともお金持ちで、もっとも美しい王女を妻に選んだのですよ」

王は末の王子にいった。

「王国はおまえのものだ」

ATU402（新倉）

18　トリーネとマリー　ドイツ

昔、ある女にマリーとトリーネというふたりの娘がいて、ひとりは実の娘、もう一人は継娘だった。本当は継娘がマリーという名前だったが、女は自分自身の小さな娘をもうけたとき、継子をほかの名前にして、実の娘にマリーと名づけた。というのも女はその名前が好きだったから。

ある日、母親はトリーネにいった。

「火が消えて、かまどが冷たいよ。森にいって、薪を取ってきておくれ」

トリーネは家にいるときの服のままでかけていき、木々を集めた。

夜になって、あたりを捜して、小さな家にきた。ドアをたたくと中から女がのぞいて、いった。

「なにか用かい?」

年とった女は人食い女で、夫は人食い男だった。

トリーネは答えた。

「薪を探していたけど、もう夕方になってしまったの。ここに泊めてもらえないかしら」

人食い女は意地悪く笑って、「さあ、お入りよ」といって、小部屋に連れていった。

夜には道に迷った伯爵もやってきて、泊まった。

真夜中に人食い女は人食い男にいった。

「さあ、まず、ふたりで伯爵を食べて、金を奪おう。それから、あんたは小娘を食べて、私には目と手と足をおくれよ。わたしがそれを好きなことを、知っているだろう」

伯爵が食べつくされ、トリーネの番になろうとしたとき、布団の上に白い猫が飛びこんできて、右足でトリーネの顔をそっと三回なでた。トリーネが目をさますと、こういった。

「早く服を着て、ぼくの背中に乗りなさい。あいつらはあんたを食べるつもりだよ」

トリーネがいわれたとおりに猫の背中に乗ると、猫は壁をひっかいて穴を開けて、トリーネと一緒にそこからくぐり抜けると、七とびで森の真ん中にきた。ちょうどその時だった。トリーネと猫がでていったとたんに、人食い男がトリーネを食べようとベッドの前にきた。トリーネがそこにいなかったので、人食い女が夫にいった。

「梁《はり》から魔法のマントを持ってきてよ！」

女がマントをひっかけたとたん、ソーセージの入った籠を持って、トリーネの前にいた。そしてこういった。

「ソーセージを買わないかね。きれいな娘さん」

トリーネはとてもお腹がすいていたけど、「いらないわ」といった。というのも、白猫が、それは人間のソーセージで、それを食べた者は人食いになって、もうもどらないと前もって注意していたのだった。

トリーネがほしがらないので、人食い女は腹を立てて、いった。

「このソーセージを買わないのなら、おまえを食べちゃうよ」

そのとき、やぶの中でガサガサと音がして、白猫が飛びだしてきて、人食い女の右目をひっかきだして、こういった。

「籠のソーセージ全部と千ドゥカーテン金貨(1)をよこさないと、緑の左目もひっかきだすぞ。わかっているだろうけど、ぼくにはそれができるし、そうするよ。逃げたって、見つけるさ」

人食い女はわなわなとふるえて、いった。

「いうとおりにするから、ちょっと待ってくれ」

人食い女が魔法のマントで家に飛んでいき、伯爵から奪い取った千ドゥカーテン金貨を夫から取ってくる間に、白猫はソーセージを、それは八十六本あったが、やぶにつるした。そこにカラスと狼がきて、すべて食べつくした。そのときから、カラスと狼は人間の肉が一番好きになった。

さて、人食い女がもどってくると、トリーネに千ドゥカーテン金貨をやった、トリーネは家に帰った。

入り口の前にマリーがいて、ちょうど雪かきをしていた。トリーネがマリーにこのできごとをみんな話すと、マリーがそれを母親に話した。すると、母親は千ドゥカーテン金貨をうらやましく思って、マリーにいった。

「マリーちゃん、暖かい服を着てあんたもそこにいきなさい。トリーネが連れてってくれるよ」

そこで、トリーネはマリーのためにたくさんの服をもっていかなくてはならなかった。

ふたりが人食い女の家の前にくると、トリーネは家に帰った。

マリーはドアをたたいていった。

「ここに泊っていい？」

人食い女は意地悪く笑って、「お入りよ」というと、小部屋に連れていった。

夜、十二時になると白い猫が現れて、マリーの布団の上にのり、目を覚ますように前足で三回顔をなでた。マリーが目をさますと猫はこういった。

「ぼくについてきて、そうしないと食べられちゃうよ」

「静かにしてよ。きたないやつね。わたしに話しかけないで、疲れているのよ」とマリーはいった。

猫がでていくと、人食い男がきて、マリーを食べつくした。しかし、目と手と足は妻にやると、妻は一気に飲みこんだ。

母親はマリーが帰ってこないのに気がつくと、トリーネを迎えにやった。半分ほどいくと、白い猫がきていった。

「寒いよ、ポケットにいれておくれ」

トリーネがそうして、人食いの家までくると、猫がいった。

「さあ、ぼくをポケットからだしてくれ」

トリーネはそうしたくなかったが、もちろんいわれたとおりした。そしてマリーを見つけようと思って、ドアをたたいていった。

「泊めてくれませんか？」

人食い女は「お入り」というと、小部屋に連れていった。しかし、マリーの声を聞くことも、姿を見ることもなかった。

夜中になると風が狼とフクロウと競ってうなり声をあげていた。熊がトリーネのベッドにきて、トリーネを起こそうと足で三回顔をやさしくなでて、いった。

「驚かないで、ぼくは白い猫です。まず人食い男、そしてその妻を絞め殺すつもりです。そうすればすべてがうまくいくでしょう」

熊はいったとおりにしてから、またトリーネの前にもどってきた。すると、家は大きな音をたてて、城になり、熊は美しい王子になった。そしていった。

「愛するトリーネよ。おまえがぼくの呪いをといてくれた。ぼくの妻だ」

そこで、結婚式があげられ、ふたりは長い間幸せに楽しく暮らした。

ATU480（杉本）

（**1**）ヨーロッパで十三～十九世紀に通用した金貨。

19 灰色ぶちの猫

イギリス〈スコットランド〉

ある王に三人の娘がいた。娘たちは幸せを探す旅に出た。旅をつづけていくうちに夜になった。家も道もわからなくなった。とうとう明かりが見えたので、そこへ行った。家の中に入ると、誰もいなくて、あかあかと燃える大きな暖炉だけがあった。ほどなくして巨人が中に入ってきた。娘たちは一晩泊まらせてくださいと頼んだ。巨人は、一番上の姉がパンを焼き、妹二人が羊とヤギの乳しぼりをするなら泊めてやろうといった。妹たちは器を持って外に出た。二人は羊とヤギの乳をしぼってもどってきたが、扉は閉まっていて、中に入ることはできず、呼んでも返事がなかった。二人は扉の前で長いこと泣きながらすわっていたが、扉は開かなかった。乳の入った器を扉の前に置くと、二人は出発した。

二人はその夜中と次の日も一日旅をした。やがて夜になり、家も道もわからなくなった。明かりが見えたので、そこへ行った。家の中に入ると、誰もいなくて、あかあかと燃える大きな暖炉だけがあった。

ほどなくして巨人が中に入ってきた。二人は一晩泊まらせてくださいと頼んだ。巨人は姉の方がパンを焼き、妹が羊とヤギの乳しぼりをするなら泊めてやろうといった。姉はいわれたとおりにしましょうといったが、妹の方はこういった。

「わたしたち、離れればなれになっちゃいけないわ。夕べ何がおこったか忘れてしまったの？」

「わたしがおまえにそんなことするなんて思っているの？」と姉はいって、妹を外に行かせた。

妹は羊とヤギの乳をしぼってもどってきたが、扉は閉まっていて、中に入ることはできず、呼んでも返事がなかった。末の妹は扉の前で長いこと泣きながらすわっていたが、扉は開かなかった。乳の入った器を扉の前に置くと、出発した。

やがて夜になり、末娘は家も道もわからなくなった。明かりが見えたので、そこへ行った。それはりっぱな宮殿だった。末娘は中に入ったが、家の中には誰もいなくて、そこにはあかあかと燃える大きな暖炉だけがあり、首に鍵の束を下げた灰色ぶち猫がすわっていた。

「もしわたしが王の娘だったらすわるだろう」と灰色ぶち猫はいった。王の娘はいわれたとおりにした。

灰色ぶち猫は娘を大きな美しい部屋に連れていった。そこにはありとあらゆるすばらしく美しいものと、ありとあらゆる食べ物でいっぱいになったテーブルがあった。

「もしわたしが王の娘だったら食べるだろう」と灰色ぶち猫はいった。王の娘はいわれたとおりにした。

猫は娘と寝室に行き、こういった。

「もしわたしが王の娘だったら寝台に横になり、眠るだろう」といった。王の娘はいわれたとおりにした。

娘は朝に目を覚ました。けれども部屋の中には誰もいなくて、そこには大きな暖炉の火と、あらゆる食べ物でいっぱいのテーブルだけがあった。娘は食べ物を食べ、出発した。

歩きに歩いていくと、お葬式に出会った。馬に乗った男が娘にいった。

「後ろに乗りなさい、王の娘」

「もしあなたが灰色ぶち猫なら、そうしましょう」と娘はいった。男は去っていき、別の男がやってきていった。

「後ろに乗りなさい、王の娘」

「もしあなたが灰色ぶち猫なら、そうしましょう」と娘はいった。最後に三人目の男がいった。

「いかにもわたしが灰色ぶち猫だ」

男は娘をうしろに乗せ、宮殿に連れて帰った。男は娘に、あの葬式は魔法でわたしを猫にしていた老婆のもので、これからはわたしはもう猫の姿にもどることはなく、ほかの人間と同じになったのだと語った。男は王国で二番目に高貴な位にあり、それからずっと王の娘と暮らした。

これが王の三人の娘の幸運についての物語だ。

（岩瀬）

20 虎になった孝行息子

韓国

むかし、瑞山郡進興面後洞《ソサングンジンフンミョンフドン》という村に、黄八道《ファンパルド》という男が住んでいた。黄八道は、たいへんな孝行息子だった。

おかあさんが病気になって、治す薬をあれこれためしてみた。どの薬もききめがなくて、病気はどんどん重くなっていった。ところが、ある腕のいい医者が「おかあさんの病気は犬の肝を千個食べると治る」といった。黄八道は貧しく、犬を千匹も買えなかったので、どうしたらいいかと悩んだ。近くの山へ毎日登って、母の病気が治りますようにと祈っていた。

ある日、祈っていると急に眠くなって寝てしまった。夢に白髪の老人があらわれ、「おまえの孝行心がとても強いので、この本をやろう。この本を読めば、犬の肝千個を手に入れられるだろう」といって消えてしまった。目が覚めると横に本があった。本を読むと体がぶるぶるふるえ、大きな虎になった。

黄八道は、これは虎になって犬をつかまえ、おかあさんの病気を治しなさいということだと思って、山神さまに感謝し、本をよく読んで虎に変身し、犬の肝を薬にして、また本を読んで人間にもどった。

黄八道は、こうして本を読んで虎に変身し、犬をつかまえて肝を薬にしておかあさんに食べさせ、また本を読んで人間にもどっていた。毎日こうしていたが、黄八道の妻は、自分の夫が虎に変身するのがこわくて、夫が虎になっている間にその本を焼いてしまった。黄八道は、犬をつかまえてきて、人間にもどろうとしたが妻が本を焼いてしまったので、虎のままでいるしかなかった。

その後もおかあさんに犬の肝を食べさせたので、病気は治ったが、おかあさんは年を取って亡くなってしまった。虎になった黄八道は、三年の間墓守り(1)をしていたが、その後、どこかへ行ってしまった。

（辻井）

（1）韓国では李朝の初期まで、統治階級の間では、第一次埋葬所のかたわらに仮小屋を建て、三年間居住して墓守りをする廬墓《ろぼ》の慣習があった。後にこの習慣は政策により三年喪にかわった。これは自家での丸二年と一日の服喪で、実際には丸二年間になったが、その間は他人の弔問もしない。昔話では身分を問わず、孝行者が廬墓や三年喪を行ったと語られることが多い。

＊慶尚南道馬山《マサン》には、本を焼いた妻をかみ殺し、妻と同じ青いスカートをはいた女を襲う「洪道令《ホンドリヨン》の虎」の話が残されている。

◆コラム◆　ヨーロッパの猫の話

猫はネズミをとるという習性が重宝がられたこともあり、昔から犬とともに動物の中で人間にいちばん身近な存在である。ネズミの被害に悩まされている国に猫を売りつけて大もうけをする話は、イギリスの「ウィティントンの猫」（ATU1651）をはじめ広く知られている。また、ヨーロッパの話に、粉屋と猫が結びついた話が多いのもこの理由からと思われる。

また、民間では、猫のしぐさから、天気、お客、結婚などの予想や占いがされてきた。しかし、猫の俗信については幸運より不幸の予兆の方がずっと多いようだ。その不可思議な行動や、夜行性であるというような不気味な習性から、猫は魔物や悪霊の世界と通じていると考えられていた。

猫に関する伝説に不気味なものが多いのは、こうした民間信仰を反映しているからであろう。中世ヨーロッパでは、猫は魔女の使い走りであるとか、その仮の姿であると言われていた。本書第二章でいくつか見られるように、夜中に襲ってきた猫をナイフで切りつけると、翌朝、その家のおかみさん、または近所の女が同じところに傷を負って苦しんでおり、それで魔女ということがわかったという話が広く分布している。

犬と違って、訓練によって何かをやらせることがほぼ不可能という猫の習性からすると考えられない「ろうそくを持つ猫」（ATU217）という広く分布する話がある。夜、けなげにろうそくを掲げる猫を見た人は驚嘆するが、部屋に放たれた一匹のネズミによって、たちまち真っ暗やみの中で大騒動がおきる。やはり猫は猫だというわけだ（第七章2、3）。

猫は共同で何かをすることには向いていないようだ。グリム童話の「猫とネズミの共同生活」（ATU15）のように、共同でかくしておいたバターを盗み食いしていたのがばれてしまった猫は、ネズミの非難のことばに反省するどころか、うるさいとばかりにネズミを食べてしまう。

いっぽう昔話の中には援助者としての猫も登場する。グリム童話の「ホレおばさん」（ATU480）の類話に、猫が援助者となるものもある。いつも家で虐《しいた》げられているかわいそうな娘に課題を与え、それを誠実にやりとげると素晴らしい褒美をやるのだ（第二章18）。

「猫の嫁」（ATU402）というタイプの話では、次々と出される難題を、迷いこんだ猫の城の女主人に解決してもらう。「いちばん美しい娘」という最後の難題も、連れて行ったその猫が美しいお姫様に変身し、ハッピーエンドに終わる（第二章16、17）。

ペロー童話の「長靴をはいた猫」（ATU545）で有名になった猫は、なんといってもいちばん有能な援助者である。得意げに次々と策をめぐらし、主人公の粉屋の息子は、それに従っているだけで王様になってしまう。そこで終わってしまわない類話もある。死んだまねをして、主人が本当に恩を感じているか試すのだ（第四章4）。主人の命令に忠実に従うだけの犬の援助と比べると、猫の援助はなかなか一筋縄ではいかない。

（星野）

第三章

若者と虎の精——こわい虎と猫

1　森の六人の子ども

マー（ベトナム）

ある村に、とても貧しい漁師の家があった。夫の名をク・ブロフといい、いつも川へ釣りに行っていた。

釣りに出かけたある夜、ク・ブロフが巨木の根元を通ると、突然そこから美しい女性が出てきた。二人は楽しくおしゃべりをして愛を語り合った。

そしてすぐに六晩がたち、七日目の朝、ク・ブロフが釣りに出かけると、突然あの木の根元から六人のかわいい幼児が走り出てきた。一番大きな子が言った。

「お母さんがお父さんといっしょに帰れって」

ク・ブロフはこんなことになるとは思いもよらなかった。妻はどう言うだろう。ク・ブロフは不安でいっぱいになった。

子どもたちは父について家に帰った。妻は子どもたちを見て目を丸くした。話を聞いた後、口やかましく、夫をどなりつけるだけではあきたらず、さらに言った。

「うちは貧しいのよ。どこに六人もの子どもを養う米があるの？　家に連れてきてどうするの？ この子たちをどこかに連れて行ってよ！」

六人の子どもたちはとてもかわいく、そのうえ素直だった。一番大きな子ク・ドーンは一番賢かった。夫は妻の怒りが静まるのを待ち、子どもたちを追い出そうとはしなかった。しかし、家の中はもう食べ物もなく、妻は前にもましてぶつぶつ言った。もはや夫は妻の言うことに従わざるをえなかった。そして目ざわりな子どもたちを追いだす方法を話しあった。

ある日、夫は六人の子どもたちを連れて森に行った。そして大きなプレイアルの木(1)にはしごをかけ、子どもたちに登って実をとるように言った。みんな夢中になって木によじ登った。そのとき、夫ははしごをはずし、木の根元の周りにたくさんの杭をさし、それからこっそりと家に帰った。心の中で、たぶん六人の子どもたちは木の上で飢え死にするだろう。おりる方法がないからな、と考えた。

木の上で子どもたちは実をとるのに熱中した。そして、子どもたちが地面におりようとしたとき、はしごはなかった。木はとても太く、抱えておりることはできなかった。そのうえ、木の根元には鋭い杭がいっぱいで、飛びおりれば死ぬのは明らかだった。子どもたちはのどがかれるまで父を呼んだが、返事はなかった。子どもたちは泣き叫んだ。一番大きいク・ドーンだけ泣かずに、弟たちに言った。

「泣くのはよせ！　涙なんか何の役にも立たない。脱出する方法を考えてみよう」

ク・ドーンは、考えに考えて、ある計画を思いついた。弟たちにプレイアルの葉をたくさん落とし、地面に大きな葉の山をつくるようにいった。木の葉が鋭い杭をおおい隠したのを見たク・ドーンは、その葉の山に飛び降りるようにいった。全員地面に飛びおりたが、みんな無事だった。

その日の晩、六人の子どもたちは手をとりあって家に帰り、父を驚かせ、妻をいっそういらだたせた。

またある日、父は六人の子を連れ、山いも掘りに森に入った。とても大きな蔓を探しだし、すぐに子どもたちに掘るようにいった。穴が深くなったとき、子どもたちにおりて土を取りだすように言った。全員が穴におりると、父は土をどんどん落とし、子どもたちを生き埋めにしてしまった。そして父は家に帰った。

深い穴の底で、土がどんどん落ちてきて、子どもたちはしばらくすると首まで埋まってしまった。どうしても体を抜くことができなくなり、みんなワッと泣きだした。ただク・ドーンだけが泣かず、弟たちに言った。

「もう泣くな！　脱出する方法を考えてみよう！」

「むだにもがくのはやめよう！　夕方になれば大雨が降るだろう。そうしたら土がやわらかくなるから、体を引き抜き、穴の口までよじ登ろう」

予想通り、夕方、滝のような雨が降ってきた。土はやわらかくなった。ク・ドーンは最初に穴の口によじ登った。順番に弟たちをひきあげ、家に連れて帰った。

今度は、妻はちがう方法を夫に教えた。夫は子を連れて川に魚とりに出かけた。子どもたちに泳ぎの練習をするように言って、大きなひょうたんの中にもぐりこませた。そして、ひょうたんを川に押しだした。

ひょうたんは川の流れに巻きこまれ、遠くの岸辺に向かった。最初、子どもたちはとても喜んでいた。しかしひょうたんはどんどん流されたので、不安になり父を呼んだ。だが、父はもう家に帰ってしまっていた。

ひょうたんは七日七晩漂流した。子どもたちは空腹で力つき、涙もかれた。すると、ひょうたんはとても大きな堰《せき》にある大きな簗《やな》に引っかかった。子どもたちははい出てきて堰の上によじ登った。その堰は蒸したもち米で作られていて、そこいら中に虎の足跡があった。ク・ドーンは弟たちに言った。

「これは虎の夫婦が魚をとる堰だよ。ぼくたちはもち米をお腹いっぱい食べたら、すぐに身を隠そう。さもないと命がないよ」

子どもたちは大あわてでもち米を食べた。そしてお腹いっぱいになると、急いで木の洞穴にもぐりこんだ。子どもたちが食べすぎたので、堰はひび割れ、水はごうごうと流れた。夕方になり、大きな二頭の虎が森の中からやって来た。虎たちは怒ってほえた。

「おお、いったい誰がおれたちの堰を食べてしまったんだ？」

堰の上に子どもたちの足跡があるのに気づいた二頭は、すぐに周囲を探した。そして虎夫婦は、木の洞穴からおびえる六人の子どもたちをひきずり出した。虎の夫は妻に言った。

「こいつらはとても太っている。連れて帰って、あぶって食べればきっとうまいぞ」

虎夫婦は子どもたちをひっぱって家に連れて帰った。虎夫婦が殺して肉にしようと準備したとき、ク・ドーンが叫んだ。

「虎さんたち！　あわててぼくたちの肉を食べるなんてやめなよ！　ぼくらはまだとてもやせている。肝臓は小さいし、食べても歯ごたえもないよ。太るまで待って、今より肝を大きくして、それから食べて！」

虎はそれを聞いて納得し、家で子どもたちを育てた。二、三日して虎はたずねた。

「おまえたちの肝はもう大きくなったかい？」

ク・ドーンに言われたように、六人とも虎に六つの枯れ葉をみせた。

「ぼくらはまだとってもやせている。ぼくらの肝はまだとっても小さい」

ク・ドーンは逃げる方法を考えていた。ある日、ク・ドーンは虎にたずねた。

「虎さん！　動物たちはみんなあなたを恐れています。でも虎さん、あなたの一番こわいものは何ですか？」

虎は得意になって答えた。

「こわいもんなんかないさ。ただロミート(2)の根と混ざった白米がきらいなんだ」

そして翌日、虎夫婦が獲物をとりに行ったすきに、ク・ドーンは弟たちにロミートの木の根をたくさん取ってきて、ついて白米と混ぜるように言いつけた。ク・ドーンは高床の家にそれをまき、はしごの下に杭をさし、それから屋根にのぼって一回太鼓をたたいた。太鼓の音はとても大きかった。

ギエットギエン、ギエットギエン

ティートゥン、ティートゥン

虎はク・ドーンの謀略にかかった

ク・ドーンは虎の肉を食う

ク・ドーンは虎の肉を食う

森の中にいた虎夫婦は、太鼓の音を聞き、こわくなり、おろおろして走って帰って来た。虎は家にとびあがると、いたるところにロミートの木の根と混ぜられた白米がまかれているのに気づいた。虎夫婦はあわてふためき、目がくらみ、急いで地面に飛びおりた。鋭い木の杭が虎の体に突きささった。虎夫婦はのたうち、どなりちらし、死んでしまった。

それからク・ドーン兄弟は虎夫婦の家に住み、みんな幸福で豊かな生活をおくった。

（本多）

(1) 菩提樹に似た木。

(2) ウコン属の多年草。香辛料になる。

2　若者と虎の精

コホー（ベトナム）

昔、森には精になった虎の群れがいた。この虎の精たちはとても凶暴で、危害は豚や水牛だけでなく老人や幼子にまでおよんだ。そしてとてもずる賢く残忍で、人間に化けることもあったので誰も退治することができなかった。人々は虎の精をソン・ムリと呼んだ。

森の近くのある村に、幼いころ両親をなくした兄妹二人の家があった。兄の名をク・ライン、妹をカ・ミルといった。二人はとても仲よく楽しく暮らしていた。焼き畑の季節がやって来ると、ク・ラインは森に行き、木を切り草を刈った。朝から晩まで働いては森の中の小さい番小屋に寝て暮らした。妹はいつも昼になると、籐の籠の中にご飯を入れ、水をひょうたんに入れて畑にやってきた。

ある日、いつものように妹が兄のためにご飯と水を持ち、畑に向かっていると、畑の近くの道端のしげみからカサカサいう音が聞こえるではないか。そしてとても大きな、明るい黄金色の毛の虎の精がそこからぴゅっと走り出て、妹に飛びかかり森の奥へと連れ去った。

畑で、ク・ラインは火が燃えるようにいらいらしていた。昼過ぎまで待っても妹が食事を持ってこないので、急いで妹を探しに行った。しばらくして道端に転がっている背負い籠をみつけた。それはまさに妹のものだった。そして周囲の虎の足跡と血痕から、妹が虎に捕まったことを知った。必死に心の痛みをおさえて、妹の仇をとるために虎を殺そうと鉈《なた》をかついで森に向かった。

血痕を追い、深い森へと入っていった。密林はからみあう蔓《つた》や刺であふれていた。それでも進み続け、樹木が生いしげる森に着いた。そのころにはあたりは真っ暗になり、もう進むことはできなかった。

突然遠くで炎が燃え上がり、不気味なウーッと吠える声で凶暴な顔つきの男たちが話し合っているのが見えた。男たちはきのことといっしょに何かの肉を煮ていた。いろりにはとても大きな鍋がかけられ、グツグツと煮えたぎっていた。

ク・ラインは暗闇の中から出て、みんなにあいさつをして、いろりのそばに腰かけた。男たちがク・ラインを見ると、その中の一人がたずねた。

「なあ、にいさん！　どこから何しにきたんだい？」

ク・ラインは平静をよそおい、答えた。

「森で道に迷ってしまったんだ。一晩だけここで寝かせてくれ。このいろりの鍋一杯分のご飯をもらいたいんだ」

ク・ラインはいろりを見て、さらにたずねた。

「うまそうだね。なんの肉を煮ているの？　いい匂いだ」

「これは道に迷った小鹿の肉だよ。もし食いたかったら、いっしょに食おう」

ク・ラインはすぐに男たちのために肉を細切れにしてやった。しばらくして、ク・ラインは鍋の中に妹の頭があるのに気づいた。やつらは虎の精だと考えたク・ラインは、すぐに毒薬の包みを持ってきて、肉とキノコに混ぜ、鍋を炊きあげた。

両手で持ち、みんなうんうんうまいとほめた。とてもおいしいとフーフーいいながら飲んで食った。ク・ラインだけがただ座っていた。やつらは顔を見合せてク・ラインにたずねた。

「なぜ泣いている？　なぜ食べないんだ？」

ク・ラインは急いで言い返した。

「泣いてなんかいないさ！　目に煙が入ったんだよ。だから涙が出るんだ。この肉は脂肪が多すぎ、どうやっても食えないんだ」

やつらはみんなそれを信じ、また頭をかじって食った。ただ暗いすみに座っている娘だけが、ク・ラインをじっと見つめていた。食べ終えると、やつらはみんな、先を争って水を飲んだ。しばらくして、毒薬が効き、やつらはいろりに投げ入れられた物のように転がって死んだ。ク・ラインはすみにいた娘が立ったのを見て逃げ出した。走りながらふり向くと、その娘は、とても大きな雌の虎になってウーッとうなりながら追いかけてきた。

ク・ラインは走り続けたが、娘の虎が真後ろに迫ってくる。ク・ラインは次第に力が尽き、やがて覚悟を決め、岸辺に一本のマンゴーの木が生えている大きな湖に走りこんだ。そして、マンゴーの木によじ登り、木のこずえになっている大きな実にもぐりこんだ。娘の虎はク・ラインがマンゴーの実にもぐりこむのを見ていた。娘の虎はすぐにマンゴーの木に登り実をとろうとした。しかしよじ登って近づいたとき、マンゴーの実は湖に真っ逆さまに落ちてしまった。娘の虎はとびかかったが間にあわなかった。

とても大きな鯉がマンゴーをのみこみ、泳いでいってしまった。娘の虎はただ魚の尾の切れ端を捕まえただけだった。娘の虎はとても怒って、その時から岸に座って、来る日も来る日もずっと湖を見ていた。

ある日、王が召使いたちといっしょに狩りにきて湖を通りかかった。王は湖の岸辺でとても美しい娘が、ぼーっと湖を見つめている姿を見て、すっかりとりこになってしまった。娘を妻にしようと、王は近づいていてたずねた。

「おまえは誰だ？　なぜそこに座ってぼんやりと悲しそうに湖を見ている？」

虎が化けていた娘は答えた。

「申し上げます。両親が不幸にも早死にし、孤児になってしまったんです。ここに座ってわが身を嘆き、運命を嘆いているんです」

その返事を聞いた王はすぐに言った。

「それなら大海の海岸沿いにあるわしの宮殿に行こう。そこは金銀、象牙が山のように高く積まれ、森の葉のようにたくさんの召使いがいるぞ」

しかし娘は首を横にふって言った。

「王さまは勇猛な国の王だとおっしゃいました。それならもし王さまが、そのお力でこの湖の水を枯らし、私に湖の中にいる尾ひれの切れた一番大きな魚をお見せくださったら、王さまの宮殿にまいりましょう」

王はすぐに軍兵に湖をからすよう命じた。軍兵と遠くや近くの村人たちは一日中水をくんだ。くみ続けて湖の水もかれ、やがて魚を捕まえられるようになり、王はすぐに全員に命じた。

「もし誰か尾の切れた大きな魚を捕まえたら、わしと娘のまえに持ってこい」

湖のそばの小さな村に心やさしい老婆が小さな家の中で暮らしていた。その晩、夢の中で、老婆はやさしそうな若者に会った。若者は自分の身の上話をして、こう言った。

「お婆さん、明日湖に行って魚を捕まえてください。もし尾の切れた鯉を捕まえることができたら、王に報告しないで、家に持って帰ってください。わたしは鯉の腹にあるマンゴーの実の中にいるんです」

翌朝、老婆は夢を思いだし、湖に行った。一匹の鯉が泳いできて老婆の背負い籠の中に入りこんだ。老婆はすぐに鯉をもって家に帰り、さばくと、腹の中からク・ラインが出てきた。その日から、二人は母子のようにいっしょに暮らした。

虎が化けた娘はク・ラインを見つけることができなかった。鯉を逃がした者がいると思い、とても怒ったが、あきらめて王について宮殿に行った。しかし妹は心中おだやかでなく、いつか復讐しようと考えていた。

数年後、王は新しい宮殿を建てるために一番たくましい若者たちを連れてくるよう各村に命令した。ク・ラインはまた行かねばならなくなった。虎が化けた娘は、働きに行くおおぜいの若者たちの中に、ク・ラインをすぐに見つけだした。ク・ラインは身を隠そうとしたが、間に合わず、日夜用心していた。

数日間、夜、ク・ラインはいつも仲間たちの真ん中に寝ていた。ある晩、こっそり外で寝た。夜半、息をひそめて竹の壁をひっかく虎の爪の音を聞いた。巨大な一頭の虎が走って入ってきて、真ん中で寝ている若者をくわえて走り去った。

翌日、虎が化けた娘はク・ラインを昨晩食ったと思い満足していた。ところが、ク・ラインが土を頭に載せ、木をかついでいるではないか。その日の晩、ク・ラインはこっそり真ん中で横になった。夜半になり、大きな虎がまたやって来た。虎はしばらく考えたが、ク・ラインのそばに寝ている二人の若者をくわえると走り去った。

翌日、虎が化けた娘は自分の誤りを知ってまた怒り狂った。娘は、今度はたくましい若者四人に自分を水浴びにつれて行かせるよう王に頼んだ。ク・ラインは、その四人の若者のうちの一人だった。ク・ラインはとても鋭い剣を隠し持って出かけた。

その日の午後、四人は娘を輿に乗せて川にいた。若者たちが地面に娘の輿を置こうとすると、ウーッとほえる声がする。うなり声は、森のあらゆる獣たちをも押し黙らせた。そして並はずれて大きい雌の虎が輿から走り降りると、ク・ラインにかみつこうとした。

ク・ラインは隠し持っていた剣を抜き、力いっぱい何度もその虎を切りつけた。娘の虎は深手をおい、血は流れて地面全体を漆黒にし、もがき、しばらく大声でうめくと死んでしまった。

ク・ラインは故郷にもどった。その後、虎の精はもう決して村人に迷惑をかけることはなかった。

（本多）

3　ウサギと人と虎

マー（ベトナム）

あるとき森の中で、男が一匹の鹿をとった。肉を水洗いして、家にかついで帰ろうとすると、大きな虎がやって来た。しげみからでてきて、男に飛びかかろうとした。男は弓を引き、虎にねらいをつけた。虎は毒矢を恐れすぐにおとなしいふりをした。

「どうしたの？　弓を捨てて！　ぼくだよ。昔から友だちじゃないか」

男は虎のことばを聞いて、すぐに弓をおろし矢を筒に入れた。虎は近よって鹿の肉を見ると、よだれをたらしてたずねた。

「あなたがこの鹿を撃ち殺したんですか？」

男は正直に言った。

「そのとおり！　この鹿を三日三晩追っていたんだ。今日になって、やっとこいつを射ることができたんだよ」

虎は大声でさけんだ。

「ぼくはこの森で鹿を飼っていたのに。こいつのためにあの山この山を探し、今日で三日になるんです。でも、あなたはぼくの鹿を射殺してしまった。せめてぼくに肉を返してください」

最初、男はとてもびっくりしたが、虎が言いがかりをつけようとしているのに気づいた。森の主である虎に逆らうことができずに、男はあきらめて虎に背負い籠の鹿肉を渡した。

虎はとても満足して、肉をむしゃむしゃ食べた。しかしまだ満腹にならなかった。虎はさらに男もむさぼり食いたくなった。今度はおどそうと声を変えて言った。

「今しがた、おまえは弓を引いてわしの頭をねらい、驚かした。さて、鹿の肉も食べつくしてしまったし、今度は驚かしたつぐないをしてもらおう」

男が何も言えないでいると、虎は続けた。

「おまえはわしの鹿を射殺した。さらにはわしをおどかしてこわがらせた。そのお返しに、わしはおまえを食ってやるぞ」

男は凶暴な虎のたくらみを恐れ、さけんだ。

「いままさにわたしをおどかしているではありませんか！　あなたは鹿の肉を食べたのに、どうしてまだ満足しないのですか？」

虎はとても大きな声でわめき、それから言った。

「むだ口をたたくな！　もうあきらめろ」

そのとき、一羽のウサギが近くの木の穴で、話をきいていた。ウサギは虎の爪と牙から男を助け出す方法を考えた。ウサギは走り出てさけんだ。

「なんの話をしているのですか？　どうして大声で言いあっているのですか？」

虎はウサギを見て、自分をかばってくれると思い、喜んですぐにウサギに話して聞かせた。

「わしは七日間、道に迷った鹿を探していたが、鹿はこの男に射殺されてしまったんだ。だから男はおわびにわしに鹿の肉を食べさせた。だが、男は弓を引いてわしを驚かしたから、こんどはやつの肉を食べるんだ。やつを捕まえ罪をつぐなわせてやるんだ」

ウサギはそれを聞いてしばらく考えているふりをし、それからうなずいて得意顔になり、男に言った。

「死罪になるほどのことをしたのですか？　なぜ森の鹿なんかを射るんですか。どうして弓で虎さんを驚かしたんですか？」

それからウサギは虎にたずねた。

「あの男が弓を張ってあなたをおどかしたというのは本当ですか？」

虎は聞いていくうちにうれしくなり、うんとうなずいた。

ウサギは矢を弓にかけ、男にたずねた。

「あなたはこうやって虎をこわがらせたんですか?」

それからウサギは虎の体にねらいをつけて、射た。毒矢は虎の体にあたった。虎はほえ、とびかかろうとしたが、のたうちまわって死んでしまった。

ウサギは男に言った。

「これからは、凶暴な虎には近づかないように。粟と白米を混ぜるな、もち米と筍を混ぜるな、(1) その凶暴なやつらとまともに話をしないように」　(本多)

(1) 食べ合わせが悪いという言い伝えで、人間と虎の相性の不一致を示していると考えられる。

4　金のピアスの子猫ちゃん

ロシア

昔々、お爺さんとお婆さん、それと息子と娘とがいた。お婆さんは練粉をこね、朝には娘をキャベツの葉っぱとりにやった。娘が出かけていくと——

子猫が走っていく　金のピアスをつけて
子猫が水に入れば　娘も水に
子猫がウエ[1]に入れば　娘もウエへ
子猫が森へ走りこめば　娘も森へ
子猫が小屋に入れば　娘も小屋へ

小屋の中には老人が、それはそれは年のいったのが板寝床にねそべっていて、こう言った。

ありがとよ　子猫ちゃん　金のピアスや
娘っこを連れてきてくれて

お爺さんお婆さんは娘を待って待って、待ちきれなくなって、今度は息子を送り出した。息子がキャベツの葉っぱとりに行くと――

子猫が走っていく　金のピアスをつけて
子猫が水に入れば　息子も水へ
子猫がウエに入れば　息子もウエへ
子猫が森へ走りこめば　息子も森へ
子猫が小屋に入れば　息子も小屋へ

小屋にはまたもや老人が板寝床にいた。

ありがとよ　子猫ちゃん　金のピアスや
娘っこを連れてきて　若い男の子も連れてきた

そうして息子をとって食ってしまった。

さて、お婆さんはお爺さんに言った。

「お爺さん、見にいってきておくれ、野菜畑にいってみておくれ！」

そこでお爺さんが出かけていくと、またもや――

子猫が走っていく　金のピアスをつけて
子猫が水に入れば　お爺さんも水へ
子猫がウエに入れば　お爺さんもウエへ
子猫が森へ走りこめば　お爺さんも森へ
子猫が小屋に入れば　お爺さんも小屋へ

小屋の板寝床には老人が寝そべっていて、またもや――

ありがとうよ　子猫ちゃん　金のピアスや
娘と若者と爺さんを連れてきた！

ガムッ！ お爺さんも食ってしまった。

お婆さんはさんざ待ったあげく、待ちきれなくなって自分が出かけていった。すると
とまたもや――

子猫が走っていく 金のピアスで
子猫が水に入れば お婆さんも水へ
子猫がウエに入れば お婆さんもウエへ
子猫が森へ走りこめば お婆さんも森へ
子猫が小屋に入れば お婆さんも小屋へ

今度も老人が板寝床にいた。

ありがとうよ、子猫ちゃん、金のピアスや。
娘と若者と爺さん婆さんを連れてきた！

ガムッ！　お婆さんも食ってしまった。
一家はあとかたもなくなった。練粉はふくらんであふれ、家は燃えつきた。これでお話はおしまい。

ATU163参照　AT332H*（渡辺節子）

（1）水中に置く漁具の一種

5 ウォルター・ウィッティ卿と猫 アイルランド

ウォルター卿は、バリマギヤーのデヴェリュー嬢と結婚することになっていた。デヴェリュー嬢はウォルター卿に、結婚式のためにウサギを捕ってきてほしいと頼んだ。ウォルター卿はこのウサギは、自分一人で捕りにいき、ほかのだれにも行かせまいと心にきめ、ウサギの巣穴のあるところに出かけて行った。ウォルター卿は一日中狩をしたが、一羽のウサギも捕まえることができなかった。

夜になったので、ウォルター卿はひどくがっかりして家路についた。しかし砂地の土手のところにくると、なんとそこに一匹の白い猫がちょこんと座っているではないか。

「この罰あたりめ、おまえなんか一族もろともくたばっちまえ。おまえたちがぐるになって、おれのウサギを一匹のこらず殺したな」

ウォルター卿はこう言うと、石を拾い上げ、猫にむかって投げつけて、猫を殺してしまった。

ウォルター卿が家に帰ると、いつものように年とった猫が炉辺に座っていた。

「おい、ネコ、おまえの子猫を殺してやったぞ」

ウォルター卿がこう言うか言わぬうちに、猫は背中を弓のように丸くすると、ウォルター卿に飛びかかり、誰も助けに入る間もなく、のどをかききった。召使たちが部屋に入ってきた時には、猫の姿はなかった。

しかしその夜から今日にいたるまで、城の広間にはウォルター卿が座っていて、その喉には猫がへばりついているのが見られるという。そして、このことがあってから、ウィッティ家のものたちは猫を忌み嫌い、決して飼おうとしない。

デヴェリュー嬢は恋人の死の知らせを聞いて、井戸に身を投げて死んだ。その井戸には、今でも白い服をきて歩きまわるデヴェリュー嬢の姿が見られるということだ。

（渡辺洋子）

◆コラム◆　アイヌの猫の話

日本列島には仏典の伝来とともに猫がやってきたといわれているが、アイヌ民族と猫との関わりは、いつ頃から始まったのだろうか。

山に狩りに行った主人が熊に襲われそうになったとき、果敢にも猫が飛びかかって助ける話があるが、このような展開では、主人を助けるのは犬の方が多く、猫は珍しい。また、夜襲にあって全滅した村の生き残りの子を、人間の姿になって育てる猫夫婦の話もある。その子は無事成長し、育ててくれた猫夫婦を代々祀《まつ》って幸せにくらしていくというものである。どちらも石狩川流域が舞台となっている。

つぎに、沙流地方の上田トシさんの「ネコに殺されそうになった友人を助けた男の話」を紹介しよう。和人の昔話「鶏報恩」には、主人を殺そうとした猫が、茶碗を飛びこえて尻尾についた毒を入れる場面があり、そのモチーフが、伝わったと思われる話である。

「イシカリの奥で妻と二人で暮らしている私は、河口の村おさのところへ遊びに行く途中、魚が話しているのを聞いた。河口の村おさ夫婦のところの猫が、主人を殺して奥さんを妻にしようとしているというのだ。村おさの家へ急ぐと、大きな猫が丸くなって寝ていた。奥さんがお椀を炉縁に置くと、その猫が村おさのお椀をまたいで尻尾でかきまぜた。猫が奥に行ったすきに、私は村おさのお椀を、猫の食器にあけた。それを猫が食べると暴れだした。毒が入っていたのだ。猫を切り刻んで、地面に掘った穴に逆さまにいれて埋めた。その後、私には子どもがたくさんいるので、河口の村おさ夫婦のところに男の子と女の子を一人ずつ養子にやり、末永く行き来して暮らし安心して亡くなった」

さらに、十勝の沢井トメノさんが語った「和人の昔話」の「にわとり神の自叙伝」を紹介しよう。

「和人のところに猫と鶏がいた。鶏は、猫が奥様を殺そうとしているのに気づき、猫の目をつついたが、怒った主人が鶏の足を縛り、川に流した。鶏は川下で見つけられ、爪で、地面に字を書いて助けを求める。びっくりした村人は川上の家を見つけ、家の主人と夜通し語りあかしていた。居眠りをはじめた奥様の耳をさわると、耳が猫のようにパタパタと動いた。敷居の下を掘りおこすと本物の奥様が埋められていた。猫を殺し、二度と生き返らないようにして川下の村へ帰った。噂によると殺された奥様は丁寧に埋葬され、主人は一、二年たってから再婚し子どももいるという」

川上の村と川下の村というアイヌの物語の一般的な設定になってはいるが、語り手は「和人の昔話」だと認識しており、鶏と猫が登場したり、字を書いて悪事をあばく様子は、「和人の昔話」の要素をそのまま伝えているといえよう。化け猫が生き返らないように深い穴に逆さまに入れ、肛門の上に石をのせ、土をかけることを、六回繰り返す。この方法は、人を殺したクマなどに対するアイヌの一般的なこらしめ方とは違っていて、猫に対する特有のこらしめ方らしい。

このように、猫が登場する物語はあまりないが、人間を助ける猫もいれば、人間を殺す猫もいて、アイヌの物語の中にその存在を認めることができる。（志賀）

第四章　ソロモン王の魔法の指輪――人を助ける虎と猫

1　黒猫娘　プミ（中国）

ある豚飼いがいた。毎日族長の豚を放牧しては、わずかな食べ物をもらい、そのおかげで母と、病気で寝たきりの兄を養っていた。

ある日のこと、豚飼いは大きな湖の砂浜に豚を放しに行った。そこで黒い蛇と白い蛇が戦っているのを見た。二匹の蛇はくんずほぐれつ、上になったり、下になったり、たいへんな争いだった。白い蛇の方が負けそうになると、豚飼いはこん棒を手にして黒い蛇を打ち殺してしまった。その夕暮れ、豚飼いは家に帰ると母親にいった。

「今日、湖の砂浜で黒い蛇と白い蛇が戦っていたんだ。黒い蛇はものすごく凶悪なようすだったので、そいつを打ち殺してやったよ」

母親はいった。

「いいかい、山の上にある湖のあたりのものはみな神さまだ。むやみに殺したらたいへんなことになるよ」

次の日、白く長い着物を着た二人連れが豚飼いの家にやってきて母親にたずねた。

「きのう黒蛇を打ち殺した豚飼いはあなたの息子さんですか？」

母親は思わず息をのんだが、ただありのままにいうしかなかった。

「そうです。きのう息子が帰っていいますには、二匹の蛇が戦っていたので黒蛇を打ち殺してしまったそうです」

二人は口をそろえていった。

「黒蛇は妖怪だったのです。打ち殺してくださってよかった。白蛇はわが龍王家の王子です。息子さんが命を救ってくださったのです。主人はたいへん感激いたしておりまして、息子さんを竜宮に三年間お招きするようにと、私どもがつかわされました」

母親はあわてていった。

「竜宮の三日は人間界では三年にあたります。どうして竜宮で三年も遊んでいられましょうか？」

二人の使いの者はいった。

「それでは三日にいたしましょう」

豚飼いはもどってくると竜宮に連れていかれた。道々、使いの者は竜宮のありさまをくわしくのべ、そして一段と声を低くしていった。

「竜宮には金銀財宝が山をなしております。龍王さまはあなたへの感謝の気持ちとして必ずや何かお宝をくださることでしょう。しかし何もお受け取りになってはいけません。ただ家の後ろにいる黒猫をご所望くださいませ」

豚飼いが竜宮に着くと、龍王の親子は心から感謝して、毎日宴会を開き、一緒に遊んだ。あるとき龍王は豚飼いを正殿の中に連れていった。正殿の両側には無数の籠があり、その籠一つ一つに人が一人ずつ入れられてふたがしてあった。豚飼いはそれを一つずつ見ていき、ある籠に、病気で寝たきりの兄が入れられているのを発見した。どうしてなのかさっぱりわけがわからなかった。三日間はあっという間に過ぎ、龍王は豚飼いが息子の命の恩人であることに感謝していった。

「ここにはどんな宝物でもあります。あなたの恩に報いるために、あなた自身にお選びいただきたい。何がほしいか遠慮なくお申し出ください」

豚飼いは真っ先に兄のことを思い浮かべていった。

「私は正殿の籠の中に兄がいるのを見ました。なにをしでかしたのかわかりませんが、どうしてこんな大きな罪に問われているのでしょう?」

龍王はいった。

「あなたのお兄さんは私の木を切ったので、私の家の者に捕まえられてしまったのです。あなたのお兄さんだとわかったからには、放免いたしましょう」

・龍王はさらにきいた。
「ではもう一度おたずねしましょう。何がほしいですか？」

豚飼いは使いの者がいった言葉を思い出した。

「私は何もほしくありません。ただあなたの家の後ろにいる黒猫をいただければ」

龍王は承知し、黒猫を豚飼いに贈った。

竜宮での三日は人間界では三年にあたる。豚飼いは黒猫を抱き、目をつぶるとあっという間に家にもどった。

目を開けてみると、家の周りにはびっしりとカビが生え、庭にはいたるところヨモギが茂っており、母親はすでに世を去っていた。豚飼いは目の前のありさまを見て、思わず涙を流した。この時ふところに抱いていた黒猫が主人の悲しみを見ると、同じく「ミャオ」と悲しい鳴き声をあげた。

豚飼いはかわいそうな猫を見ると、きっとお腹がすいているのだと思った。ぼろぼろの家に入り黒猫にやるものをさがした。しかし隅から隅まで見ても何一つなく、最後に一匹のネズミがすき間から出てくるのを見て、それを打ち殺して猫に与えた。猫が人間界に来て初めて食べたものだったので、猫はそれからネズミを食べるようになったといわれている。夜になると、豚飼いは黒猫を抱いてあばら屋で一夜を過ごした。

次の日、豚飼いは起きると、真っ先に黒猫にやるためにネズミを殺しに行った。ネズミをさがしながら思った。もしも家に帰って食べ物がたくさんあったらうれしいのになぁ。ネズミを殺して家に帰ると、家の中はきれいに掃除され、庭のヨモギや雑草はみな抜かれていた。そして机の上には本当に料理が並べてあった。豚飼いはとてもお腹がすいていたので、どうしてこうなったのか考えることもなくご飯を食べ、山に柴刈りに行った。柴を刈っている時、ぼろぼろに荒れ果てた家を思い、もしもきれいな家があれば、どれだけいいことかと思った。柴をかついで家に帰ると、金色の小さな家が目のまえに現れた。豚飼いは大喜びした。

食べ物はある、住むところもある。黒猫も自分でネズミを捕まえられるようになった。豚飼いは毎日柴を刈って、黒猫と平安な日々を過ごしていた。ある日豚飼いは柴を刈りに行く時、突然に思った。もしも黒猫がきれいで何でもできる娘だったら、そして、結婚して一緒に働いて暮らしていけたらどんなにいいだろう。こう思いながら、ぴたりと足をとめて今までのことを思いかえしてみた。ご飯が食べたいと思って家に帰ったらご飯ができていた。それから、家がほしいと思って家に帰ったら本当に家があった。そして今、黒猫が娘だったらどんなにいいだろうと思ったのだ。もしかしたら黒猫が娘に姿を変えているかもしれない。そう思えば思うほどうれしくなって、柴を刈るのをさっさとやめて家に帰ることにした。豚飼いはそっと静かに家の戸に近づき、すき間から見た。

おおっ、黒猫は本当に美しい娘に変わっていて、家の中で火をたき、ご飯を作っているところだった。豚飼いは喜んで家に飛びこみ、黒猫娘の手を取っていった。

「知っていますよ。あなたは黒猫が変わった娘だということを。私が心の中で思うことをあなたはすぐに何でもかなえてくれた。私たちは心と心が通っているのです。娘さん、私と結婚してください」

黒猫もたいへん喜んですぐに豚飼いと結婚した。

黒猫娘は心やさしく美しかった。豚飼いは結婚すると、一日中娘につきまとい、ずっと見ていて仕事が手につかなくなった。ある日、黒猫娘は一枚の絵を持ってきて豚飼いにわたした。

「私の近くにいるばかりではだめですよ。仕事には出てください。働いている時に私を見たくなるのでしたら、この私の絵を持っていってくださいな」

豚飼いは山に行く時も、畑仕事をする時も、いつも黒猫娘の絵を持っていった。仕事でくたくたになった時、その絵を見るだけで疲れはたちまち消え去り、全身に力がみなぎってくるのだった。

ある日、豚飼いは畑を耕そうとしてその絵をあぜ道に広げ、石で重しをしておいた。ところがこともあろうに、一陣の風が絵を空高く舞いあげてしまった。ふわりふわりと空を飛び、都の宮城の門のところに落ちた。皇帝は絵の中の美しい人を見ると、そのとりこになり、宮廷に呼び出し側室に入れることを決めた。そこで四方に役人を派遣し、最後にとうとう豚飼いの家をさがしあてた。皇帝が差しむけた役人に対して豚飼いはどうすることもできず、黒猫娘もまた何もできなかった。ただ役人に連れられて宮廷に行く時、黒猫娘はひそひそとささやいた。

「行かなくてはなりません。でもちょっと別れているだけのこと。これから山で猟をしてくださいね。捕ってきた獣の皮をはいで、その肉は食べてください。ためておいた皮で、毛皮を上にした上着を縫《ぬ》ってください。縫い終わったら、すぐにそれを着て私をさがしに来てください。その時私たちはきっとまた一緒になれますからね」

黒猫娘は後宮に入っても、一日中つまらなさそうにし、ふさぎこんでいた。あくまで皇帝との結婚を承諾しなかったので、皇帝はただ一日中作り笑いをして取り入ろうとしているだけだった。豚飼いは毎日毎日狩りに出かけ、獣を捕ってはた皮をはぎ、とうとうよせ集めた毛皮で上着を縫った。縫い終わると黒猫娘がいったとおりに、その上着を着て宮城にさがしにいった。ある日黒猫娘は屋上から、はるか遠くに一人の毛皮の上着を着た人が来るのを見た。

夫が来たのだ。娘は喜びいさんで下におりて迎えた。そして、娘は豚飼いを宮殿に一晩泊めて、自分の計画をこっそりと打ちあけた。

皇帝は黒猫娘が楽しそうにしているようすを初めて見たので、きっとあの毛皮の上着が気に入ったのだろうと思った。そこで次の日、豚飼いが毛皮の上着を着て宮殿の門を出ていくのを待って、変装するとすぐについて出ていった。宮殿の門の外で、皇帝はたくさんのお金を出して毛皮の上着を買い、それを着て宮殿にもどり黒猫娘を喜ばせようと思った。ところが黒猫娘はこの時すでに宮殿の護衛兵たちにいっていた。

「もし誰か毛皮の上着を着た人がこの宮殿に入ってきたら、それは絶対に人ではなく、獣です。野獣です。打ち殺さなければいけませんよ」

まもなく皇帝が毛皮の上着を着て宮殿に入ってきたので、護衛兵たちが行く手をさえぎった。すると皇帝は手を伸ばして護衛兵をたたこうとした。兵士たちはすでに、獣は道理がわからない、といい含められていたので、すぐに棒を何度も打ちおろし、無惨にも皇帝を打ち殺してしまった。

こうして豚飼いと黒猫娘はまた一緒になった。そのまま、豚飼いは皇帝に、黒猫娘は皇后になり、二人は心を一つにして人々のために多くの善行をなした。（三倉）

2 王妃になった猫　インド

「ああ、この女たちとの結婚は、なんとむだだったのか！　息子一人さえ神は与えてくださらないとは。私が死んだなら、私の名は肉体とともに忘れ去られてしまうのか？」

カシュミールを治めてきた最も偉大な王の一人はこのようなひとり言を言った。王は後宮に向かうと、たくさんの妻たちを、もし来年中に息子を産まなかったら罰する、と言っておどした。女たちはシヴァ神に、王の願いをかなえてくれるように敬虔《けいけん》に祈り、そして深い不安にかられながら次の数か月を過ごした。万に一つを願ったのだが、妻たちはすべてがむだだったとわかった。そこで妻たちは、宮廷に残るためには嘘をつかねばならなくなった。つまり、約束のときになると、妻の一人が懐妊したと、王に伝えられた。

それからほどなくして、小さな王女が誕生したといううわさが広がった。しかしこれは、まえにも言ったように、本当ではなかった。そんなことは起こらなかった。本当は猫が何匹かの子猫を産み、その一匹が王の妻たちに取り上げられたのだった。王はその知らせを聞くととても喜び、子どもをつれてくるようにと命じた。しごく当然の求めだったので、王の妻たちは予期していて、ぴったりの返事を用意しておいて使いに言った。

「行って王に申し上げなさい。この子は結婚するまで父親に決して見られてはならない、とバラモンが警告していますと」

こうして問題はしばらくの間おさまった。いつもいつも王は娘についてたずね、その美しさや賢さについてすばらしい答えを聞いた。そこで王は大いに喜んだ。もちろん、王は息子がほしかった。けれども神が望みをかなえてくれないならば、娘にふさわしい人物で、後にこの国を治めることができる男と結婚させようと自分をなぐさめた。そこで、相応の時期になると、王は重臣たちに、王の娘にふさわしい相手を見つけるようにと命令した。賢く、善良で、美しい王子がすぐさま見つけ出され、結婚の交渉がたちまち決着した。

王の妻たちは今度はどうしただろうか？　妻たちのごまかしを引き伸ばそうとするいかなる試みもむだになった。花婿はやってきて、花嫁に会おうとするだろうし、王もまた、娘に会おうとするだろう。

「王子に使いをやって、すべてを打ち明けるのがいいでしょう」と妻たちは言った。
「そうして王子の思いやりに賭けましょう。王さまのことは気にしないで。しばらくは王さまを納得させる答えがあるはずよ」

そこで妻たちは王子に使いを送り、すべてを話して、この秘密を守り、自分自身の両親にさえ明かさないことを誓わせた。結婚式は、強くて豊かな王たちにふさわしく荘厳にとり行われた。王はすぐに納得して、花嫁を見ることなく花嫁の輿《こし》が王宮を出発するのを許した。猫だけが輿の中にいて、王子の国に無事に到着した。王子はとても注意深くこの動物を世話し、自分の部屋に鍵をかけて、誰であろうと、自分の母親でさえも、中に入ることを許さなかった。

ある日のこと、王子が出かけている間のことだったが、王子の母が義理の娘のところに行ってドアの外からでも話したいと思った。
「娘や、あなたが部屋に閉じこもっていて誰にも会おうとしないので、とても残念ですよ。きっと退屈でしょう。今日はもう行きますけれど、外に出て人に会うことを怖がらなくていいんですよ。出てこられますか？」

猫はすべてを理解していた。そして人間のように泣いた。なんという苦い涙だろう。その泣き声は王子の母の胸に響いた。そこで息子がもどったらすぐに、断固としてこの問題を話すことに決めた。

　この泣き声はパールヴァティー女神のもとへも届いたので、女神はすぐに夫の神のもとへ行き、このかわいそうな無力な猫のためにあわれみをかけてやるようにと頼んだ。

「猫に言いなさい。油で毛皮をこすりなさいと。そうすれば猫は美しい女性になるだろう。油は猫が今いる部屋の中で見つかるだろう」とシヴァ神は言った。

パールヴァティーは時間をむだにすることなく、このうれしい知らせを猫に伝え、猫はすぐさま油で体中をこすった。そして誰よりも美しい女性になった。でも肩のところに少しだけ、猫の毛皮を残しておいた。夫が自分が猫だったことを信じてくれないのではないかと思ったのだ。

　夜になって王子が帰ってくると、美しい妻を見つけて、たいへん喜んだ。そうして、王子の母の真剣な願いに答えねばならないという不安も消え去った。王子の母は、幸せにほほえむ美しい花嫁を見ただけで、自分の気づかいがまったく不要だったと知った。

　数週間のうちに王子は、妻を伴って義理の父のもとをたずねた。義父の王はもちろん王女が自分の本当の娘だと信じていたので、非常に喜んだ。王の妻たちもそれは喜んだ。というのも、自分たちの祈りが聞き届けられ、命も助かったからだ。時が来て王がその国を王子にゆずったので、王子は父の国と義父の国との両方を治め、世界中でいちばん輝かしく豊かな王さまになった。

（難波）

3　フロリーヌ　フランス

　昔、ある妻を亡くした男に、フロリーヌという娘がいた。娘が十五歳になると、男はフロリーヌと同じ年の娘がいる寡婦《かふ》と再婚したが、その娘はフロリーヌがきれいな分だけ醜かった。

　継娘の美しさをねたんだ継母は、継娘を一日中働かせた。一方、父親が送ってよこす宝石や衣装はみな自分の娘トルイトンヌのものになった。何でもトルイトンヌのものので、衣装や宝石が嫌になると、フロリーヌにくれてやった。フロリーヌは文句も言わずおとなしく言うことを聞いていた。

　ある日、継母はフロリーヌの働きぶりをまだ不満に思い、お化けの出る古い粉挽き小屋に毎晩小麦を挽きに行かせた。

　フロリーヌは子犬と子猫を一緒に連れていった。固くなったパンとおいしいパンを持たされた。フロリーヌは固いパンを自分で食べ、おいしいパンは子犬と子猫に食べさせた。真夜中に、誰かが粉挽き小屋の戸をたたいた。

「どなた」とフロリーヌがたずねた。

「おれだ」と太い声が答えた。

「子犬ちゃん、子猫ちゃん、どうしましょう」

「きれいなドレスと帽子を持ってきてと言うんだよ」と二匹が答えた。

しばらくすると、もどってきて戸をたたく音がし、同じ声が言った。

「開けろ。ドレスと帽子を持ってきたぞ」

「子犬ちゃん、子猫ちゃん、どうしましょう」

「馬と、馬車と、従僕と、お姫さまに必要な飾りをみんな持ってくるようにと言うんだよ」

しばらくすると声が言った。「全部もってきたぞ」

フロリーヌがさっきと同じことをたずねると、子犬と子猫はこう言った。

「穴の開いた籠で水をくんでくるように、雄鶏が鳴くまでくむのを止めないようにと言いに行っておいで」

翌朝、フロリーヌがひと財産抱えて粉挽き小屋から帰ってくるのを見た継母は、自分の娘も小屋に行かせたいと思った。娘は子犬と子猫に固くなったパンをやり、自分はおいしいパンを食べた。

亡霊が戸をたたきに来ると、娘が子犬と子猫にたずねた。

「どうしたらいいの」

「自分で考えな。あんたが全部いいところを食べたんだから」

その時、亡霊が中に入ってきた。

トルイトンヌはとってもこわかったので、おじさんと呼べば、なだめられるかもしれないと思った。

「まあ、おじさん、なんて大きい手をしているの」

「おまえをもっとしっかりつかむためさ」

「まあ、おじさん、なんてきれいな目をしてるの」

「おまえをもっとよく見るためさ」

「まあ、おじさん、なんて立派なお鼻なの」

「おまえの匂いをもっとよくかぐためさ」

「まあ、おじさん、なんて大きな歯をしているの」

「おまえをもっとうまく食べるためさ」

そして亡霊はトルイトンヌを食ってしまった。

フロリーヌはというと、トルイトンヌの死後、やさしい若者と結婚して幸せに暮らした。

ATU480＋333（桜井）

4　猫伯爵マルティン　オーストリア

ある父親が死にぎわに二人の息子に残したものといえば、ベンチと雌猫だった。父親はもう目が永遠に閉じようとするときに、それでもなんとか言ったもんだ。

「この少ない財産を二人でわけてくれ。このことでおまえたちの間で争いが起きないといいんだが」

するとと長男が言った。

「おれはこのベンチをとるよ。少なくとも、自分がそうしたいとき、いつでもすわって休むことができる」

「じゃあ、おれは猫をもらう。とにかくこいつはおれに忠実で、どこへ行くにもついてくるからね」と、マルティンという名の弟が言った。

二人は別々の道を選んで、世の中へ出ていった。長男はベンチをかかえて行き、疲れたなと思うたびにそこで休んだ。

マルティンは雌猫といっしょに自分が選んだ道を歩いていった。つくづく思うのは、自分が猫を選んでよかったということだった。だって、その雌猫ときたら、マルティンがお腹がすくといつでも、ご馳走が食卓に並んでいる家に入りこんで、驚いている人たちの目の前から、ご主人さまのために食べ物をさらってくるのさ。だから、食べ物や飲み物に不自由したことなんかなかった。それだけではない。猫は着る物の心配もしてくれて、あちらこちらからたいそう豪華な衣服をかっさらってくるんだ。それを着たマルティンはまるで本物のお殿さまのように見えたから、雌猫は言ったもんだ。

「もしだれかに名前を聞かれたら、自分はグラーフ・マルティン・フォン・デア・カッツェ（猫伯爵マルティン）だと言うんですよ」

マルティンはその名前がとても気に入って、笑いながらひとり言を言った。

「おれのかわいい猫のおかげで、伯爵にまでなってしまうなんて、夢にも思わなかったな」

ある日のこと、ふたりは広々とした平原へやってきた。そこには美しい緑の草地と畑が広がっていた。それでそこにいる人たちにこれはだれのものかとたずねた。

「これこれの伯爵のものです」という答えだった。

さらに先へ行くと、今度は美しい森がひろがっていて、またその先には牧場があって、たくさんの家畜とその番人がいた。そこでもふたりがたずねるたびに、何もかもが例の伯爵のもの、という答え以外かえってこないのさ。

とうとう二人は、年とった金持ちの伯爵がその奥方と暮らしているお城に到着し、中に招待された。年老いた主人がワインをとりに地下室へ行ったとき、猫はしめたとばかりにこっそりと後を追い、地下室で主人を絞め殺した。やがて、今度は伯爵夫人がそんなに長いあいだ夫が地下室でなにをしているのか見にやってきた。そのとたん猫は夫人にとびかかり、同じように殺してしまった。ことがすむと、猫は上にあがっていって、ご主人に言ったもんだ。

「二人の年寄りは、下の地下室で死んでいます。今やあなたがこの城の主人です。だからそれらしくふるまってくださいね。あとのことはただ私にまかせておけばだいじょうぶですよ」

そう言うと、猫はひらりとお城から出ていった。そして畑や牧場や森など、どこでも、刈り入れをしている人や木こりや家畜番にであうたびに、その人たちにむかってさけんだ。

「お年寄りの伯爵と夫人はお亡くなりになりました。そして私の主人の猫伯爵マルティンが相続人になられました。そのお方が今やあなたたちの主人です。ご主人さまの名前を知って、今後あの方だけに従うように。ご主人さまがそのことを伝える役を私に命じたのです」

どの人たちも、みんなこう答えたんだ。

「かしこまりました。御猫さま。私たちのご主人さまが死んだというなら、そうなのでしょう。私たちの新しいご主人さま、ばんざい！」

猫伯爵マルティンはこの世で一番と言ってもいいようなすばらしい生活を送っていた。そんなある日、兄さんがお城へやってきたんだ。今もまだベンチをかかえていて、ひどく貧乏なままだった。兄さんはマルティンに気がつかないようだったが、マルティンはとりたててやって、豊かな領地の管理人として任命した。そしてそこで兄さんはよい生活を送り、そうしたいときにいつでも、自分のベンチに座ることができたんだ。

そののち時が流れ、雌猫が主人に言った。

「私は年をとって、もう長くないような気がします。でも、あなたがこんなに大きな幸せを手に入れるお手伝いをしたのは私なのですから、私には感謝してくださいね。そして私にふさわしいやり方で葬ってください。それから、すてきな記念碑を建ててください。それだけのことはしてさしあげたと思いますから」

猫はひそかに試してみることにした。ある日、バルコニーの上で猫は死んだように横たわっていた。そこへマルティンがやってきて大声で言った。

「あのおぞましい獣がやっと死んでしまったようだな」

そして、猫を庭に放り投げた。すると猫はひらりと自分の足で立ったかと思うとさけんだ。

「なんという恩知らずな。なにもかもが私のおかげなのに、こんな扱いをするなんて！」

そして次から次へと非難の言葉を浴びせかけたので、そのあいだ、非難されてもしかたがないと感じているマルティンは圧倒されて言葉も出なかった。やがて、自分は後悔しているし、申し訳ないと思っていると答えた。

「おまえが死んだあと、必ずふさわしく葬るし、すてきな記念碑も建てさせるよ」と、マルティンは大まじめで約束した。

ふたたびいくらか時が流れ、雌猫は本当に死んでしまった。猫伯爵マルティンは約束を守り、その雌猫のために荘重にお葬式をとりおこない——どちらかというと、私はこんなばかげたことを話したくないんだけれどね、でも、そう聞いたんだからしょうがないさね——それどころか教会の中に葬り、美しい記念碑を建てさせた。そこには雌猫のてがらが立派な言葉でつらつらと記されていたそうだ。

今ではこの石の記念碑がどこにあるのかわからないし、見たことがある人もひとりもいないし、それどころか、少なくともそれがどうなったか聞いたことがある人も、もういないんだよ。

〈ATU545B（星野）〉

5　ソロモン王の魔法の指輪　インド

たった一人の息子を持った王さまがいた。この息子は役立たずで父親にもしたがわなかった。王さまは息子に腹を立てていた。

ある日、王子は父親に三百ルピーがほしい、旅に出るから、と言った。王さまが王子に金をやると、王子は厩《うまや》に行き、馬を選んだ。こうして王子は馬に乗り、旅に出た。王子が海辺に来ると、四人の少年たちが水にもぐっていた。まもなく四人は海中から箱を引き上げた。王子がそれを買おうと申し出ると、三百ルピーと言った。王子はそれを買って家に帰った。王さまは王子に何を持ち帰ったのかとたずねた。王子は父に箱を見せた。王さまが箱を開けるよう命ずると、犬が出てきた。王さまは犬と箱を取っておいた。再び王子は旅に出たが、出発前に母親にミルクを一杯渡して言った。

「母上、このミルクがすっぱくならない限り、私は生きているとお思いください」

再び王子は海辺に来たが、また少年たちは海中にもぐって箱を引き上げた。王子はこの箱を買い、また持ち帰った。箱を開けると猫が出てきた。

「おまえはなんて立派なこと。おまえは何も学ばないのね。旅に出て、犬と猫を買ってくるなんて」と王子の母は言った。また王子は三百ルピーを持って海辺へ行った。今度も少年たちは箱を引き上げた。王子はそれを三百ルピーで買って家へ帰り、箱を開けると蛇が出てきた。王さまはそれを見るとこわがって、王子に箱をジャングルに捨ててくるように言った。王子は捨てに行ったが、このあわれな蛇が箱の中に閉じこめられたままでは死んでしまうと考えた。そこで箱を開けると、たちまち中から若者が現われた。

「君は誰?」と王子はたずねた。

「私はソロモン王の息子です。魔法使いが私を蛇に変えて船に乗せ、箱の中に閉じこめて、その箱を海に投げこみましたが、魔法使いの乗った船はすぐに沈んでしまいました」

それからソロモン王のもとへ行った。ソロモン王は二人を見ると非常に喜んで祝宴を開き、貧しい人々にも施しをした。

ある日、ソロモン王の息子が王子に言った。

「もし私の父があなたにどんな贈り物を差し出しても、父が身につけている指輪以外を受け取ってはいけません」

さて、ソロモン王が王子を呼び、たくさんの宝石を差し出したが、王子はすべてを断った。ソロモン王はほしいものをたずね、望むものなら何でも与えると約束した。そこで王子は指輪がほしいと言った。ソロモン王は後悔したが、約束を守った。それから王子はソロモン王の息子にその指輪の価値をたずねた。

「あなたが望むどんなものも指輪から出てくるでしょう」

二人がある都市にやってくると、その町のお姫さまは、何者であろうと一晩で海の真ん中に宮殿を建てた者と結婚する、と布告を出していた。王子はお姫さまのもとへ行き、「私が宮殿を建てましょう」と言った。お姫さまは召使たちに王子と一緒に海岸へ行くように命じた。王子を海岸に連れていくと、王子は夜明け近くに召使たちを去らせて指輪を取り出し、「海の中に宮殿を建てろ」と命じた。たちまちすばらしい宮殿が建った。そこで王子はお姫さまと結婚してその宮殿に住んだ。

ある日、王子は狩に出かけた。お姫さまの髪は金と銀だったのだが、あるときその髪が二、三本、抜けてしまった。お姫さまは髪の毛を葉っぱに乗せて川に流した。髪の毛は流れて、ほかの国の王さまの宮殿に流れ着いた。王さまは髪の毛を取り上げて言った。

「こんな髪をもつ女性はどんな人だろう！」

そこで王さまはたくさんの賢い女たちを呼び集めて命じた。

「この髪の女性を私のもとへ連れてきたものにはだれであれ、王国の半分をやろう」

一人の賢い女がわれらのお姫さまを探しあて、窓の下に立って泣いた。お姫さまは女を呼び入れてたずねた。

「あなたはどなたなの？」

「私はおまえのおばあさんだよ」と女は答えた。

お姫さまは女をもてなすように命じた。老女はこの宮殿が魔法で生み出されたものだと知っていた。老女は指輪が王子のもので、魔法の指輪だとわかったので、お姫さまに「王子さまは指輪を私にくださらないかね」とたずねた。お姫さまは「私が頼めばくださるでしょう」と言った。

そこで王子は指輪をお姫さまにあたえた。老女は指輪を受け取った。そして指輪の精を呼ぶと、宮殿を自分の国へ運ぶように命じた。そのとおりになると、老女は王さまの国の半分をもらったが、指輪は王に渡さなかった。

王子は狩からもどって、宮殿とお姫さまが消えていることを知った。王子は悲しみにふさぎこんだが、ついに宮殿を探しあてた。しかし、召使たちは中に入れなかった。争いになって、王さまの召使たちは王子を殺した。

王子が死ぬと、母親に渡していたカップの中のミルクがすっぱくなった。母は息子が死んだことを知った。そこで王子が海から連れてきた猫と犬を外へ出した。二匹は主人の命を取りもどそうとして出かけた。犬は海に飛びこみ、猫を背中に乗せて、王子が殺された宮殿にたどり着いた。そして王子の遺体が木にかかっているのを見つけた。犬と猫は主人の命を取りもどし、安全な場所に運んだ。

王子は二匹に言った。

「行って指輪を探してくれ」

二匹は出かけて、お姫さまの宮殿に着いた。犬はお姫さまから指輪をもらってくるようにと猫を行かせた。お姫さまはおばあさんが指輪を持っていると猫に話した。猫はおばあさんの家に行き、おばあさんは眠るときに指輪を口の中に入れていることを知った。そこで猫はネズミと友だちになり、おばあさんが寝ているときに尻尾を鼻の穴に入れてくれるように頼んだ。ネズミはそうした。おばあさんはくしゃみをし、指輪は口からこぼれ出た。それをネズミが拾いあげ、猫に渡した。猫は指輪を主人に渡した。王子は指輪の精を呼び出し、精は宮殿をもとの場所にもどした。それで王子とお姫さまはずっと幸せに暮らした。

ATU560（難波）

6 パーベルじいさんの石（要約）　ブルガリア

むかし、まずしい羊飼いのおじいさんが、猫とアヒルと小屋に住んでいた。ある日、おじいさんは森で炎につつまれているトカゲを助けた。それは、トカゲの王子だった。トカゲ王は、お礼に、おじいさんに石をくれた。かんむりについている九つの石のうちの一つで、太陽のようにかがやき、この石で地面を三べん打ちつけ、願いごとをいうと、なんでもかなうという。

パーベルじいさんが、その夜、ためしに石に願ってみると、立派なお屋敷がでた。それを見た、となりのイワンじいさんが、その晩、泊めてくれといって、石をぬすみとってにげてしまった。

イワンは石で、大男を四人だし、パーベルじいさんのお屋敷ごと、そっくりかかえて、ドナウ川のむこうに運んでしまった。

次の朝、もとのように、そまつな小屋で目がさめたパーベルじいさんは、イワンにだまされたことに気づき、くやしくて、おいおい泣いた。その様子を見ていた猫とアヒルが、おじいさんの石をとりもどそうと家を出た。

川をわたって歩いていくと、お屋敷ではイワンがのどのおくに石をかくして、ぐうぐうねていた。のどのあたりが光っているので、すぐにわかった。

そこで、猫がふわふわのしっぽにこしょうをまぶし、イワンの鼻先をなでると、「クッショーン」と、石がとびだした。

それをもって猫が走り、うしろからアヒルも走り、ようやくドナウ川までやってきた。アヒルは猫をせなかにのせ、川をわたった。

川の中ほどまできたとき、アヒルが石を見せろといいだし、猫がわたそうとしたとき、川に落としてしまった。

二匹は石をなくし、川をわたったあと、悲しくて泣いていた。

そこに漁師がやってきて、つれたばかりの魚をくれ、「泣かないで、これでもお食べ」と、なぐさめた。

二匹が柳の下に魚をひきずって行き食べ始めると、中に、なんと、あの川に落とした石が入っていた。猫とアヒルは、光る石がもどってきたので、抱きあって喜んだ。

そして、草原を元気にこえて、パーベルじいさんの家にもどってきた。

おじいさんはまだ、地面にからだをうちつけて泣いていた。猫が、おじいさんの頭のそばに石をころがすと、おじいさんはよろこんで石をひろい、さけんだ。

「となりのイワンをつれてこい！　袋に入れて、わしのまえにつれてこい！」

そういったとたん、イワンを押しこめた袋が一つ、ごろんと、ころがってきた。

おじいさんは杖で力いっぱいイワンをなぐり、袋の口をひらいて、イワンを外に放り出した。

パーベルじいさんは、石を、たなの上に飾った。

「わしは、もう大理石のお屋敷も、何もいらない。羊もチーズもあるので、もう十分だ。それに今は、夜、部屋をてらしてくれるこんな石まであるのだから、たのみごとはない」

それから、パーベルじいさんは、いつものように羊をおってつつましく暮らした。夜になると石は、みんなの明かりになり部屋を照らした。やがてじいさんが亡くなると、どこからか一匹のトカゲがあらわれ石をくわえて去っていった。

ATU560（八百板）

7　虎の仲人

ショオ（中国）

むかし、レイチェンフという人が母親と二人で深い山に住んでいた。

ある晩、風が吹き荒れる中、母親は寒くてかまどの前で火に当たっていた。突然後ろのカヤで作った壁がガタガタ鳴った。その壁の外側から一本の虎の足が差し込まれてきた。母親がふり向いてみると、この虎の足の真ん中を竹(1)が突き抜けていて、血がだらだら流れていた。母親はかわいそうに思い、その竹を抜いて、菜種油でヨモギの葉をつき砕いた薬をぬり、くるんでやった。すると虎の足は引っ込んでいった。二日たって、虎の足がまた差し込まれてきたので母親は包帯を解き、きれいに洗うと同じ薬でくるんでやった。

虎の足はすっかり治った。これ以来、この虎はいつも母親にウサギや、鹿、キョンなどの獲物を持ってきた。正月の何日か前に、また猪を背負ってきたので母親はいった。

「虎や、おまえは本当に律儀だねぇ。恩返しに贈ってくれたものはもう充分だよ。もう持ってきてくれなくていいからね」

それからというもの、虎はもう獲物を持ってくることもなくなった。

春になると母親は病気になった。ひっきりなしに、はぁ、とため息をついている。チェンフはいった。

「お母さん、心配しなくてだいじょうぶですよ。薬を買って飲めばすぐによくなりますから」

「私はもう歳を取ってしまったよ。おまえは成人したというのに、まだお嫁さんもいない。心配せずにはいられないよ」

「お母さん、そんなことを心配していたんですか。まずは病気を治して、それからにしましょう」

母親と息子の会話は虎に聞かれてしまった。その夜、母親はあるお婆さんがチェンフのお嫁さんにするように、と娘を送ってくれる夢を見た。母親はうれしくてアハハと笑って目が覚めた。ちょうどこの時、戸板のところでガタガタ音がした。「誰だい？」何回聞いても答えはなかった。戸を開けると、なんと一人の女の子が倒れていた。手足は氷のように冷たくなっていたが、かすかな息づかいが聞こえる。急いで娘を助け起こし、寝床に運ぶと生姜《しょうが》を煮込んで作ったスープを飲ませた。娘は目を覚ますと叫んだ。

「ああ、神さま。あれぇ、ああ驚いた、死んだのかと思った」

母親は急いでいった。

「娘さん、こわがらなくてもいいんだよ。ここは私の家だからね。いったいぜんたい、おまえさんはどうしてこの家の戸口に倒れていたんだい？」

娘は母親が慈悲深くてやさしいのをみると、自分の生いたちを話し始めた。娘はもう十七歳になっていた。十歳の時に父母を亡くし、悪者に売られ、長者の家の女中になった。長者の妻にまるで牛馬のように働かされ、長者には手込めにされそうになった。妻はそれをまったくあべこべにとり、娘が旦那さまを誘惑しようとしたといい、めった打ちにしたあげく薪小屋に放りこんだ。娘はうまく山に逃げたがそこで虎とぶつかり、驚いて気を失ったあげく何がどうなったのかまったく分からない、といった。

母親と息子はこの話を聞くと心から娘に同情し、家で十何日か静養させた。娘は身体も心も回復してきて、顔色も赤くつやつやしてきた。

ある日、娘を送っていかなければならない、と話しているのを聞くと、娘は悲しみのあまり泣きながらいった。

「私を送り返すなんて、わざわざ死なせるようなもの。どうか、どうかここにおいてください。ここで一生暮らしたいのです」

母親は、この娘を嫁にしてここにおきたいと思ったが、長者がさがし当ててくることをおそれた。何日か考えに考え、とうとう腹を決めた。人を助けるのが一番重要だ。そこでチェンフを呼んで一間きりの家を掃除させ、二人を結婚させた。あとのことはまたその時だ。

結婚して間もなく、母親がおそれていたことがやはりおきた。ある日、役所から何人かの小役人が来た。東村の長者にチェンフが家の女中を誘拐したと訴えられたからだ。手錠を掛けられ、チェンフは役所まで引っ張られていった。チェンフは知事にいった。

「どうして私が人さまの女中を誘拐するなんて度胸を持ち合わせているでしょう。私のために虎がくわえてきてくれた娘を妻にしただけです」

知事は、法廷用の木鎚《きづち》で机をたたいた。

「でたらめを申すな。虎がどうやって娘を連れてきておまえの妻にするというのだ。よくもまあ本官の前でそのような狡猾《こうかつ》な言い逃れができたものよ。まったくしゃくにさわる。板たたき五十回の刑にする」

両側にいた役人がまさに板を振り上げて下ろそうとした時、空中に虎の吠える声が響いた。そしてまだら模様も鮮やかな恐ろしい大きな虎が飛びおりてきた。その両方の目を知事に向けると、役人たちはまるでくもの子を散らすように四方に逃げ、驚いた知事は机の下に隠れてぶるぶると震えていた。

チェンフは虎の姿を見るとすぐにいった。

「虎や、おまえのおかげで私はひどい目にあっているのだ。知事さまは机の下におられる。急いで知事さまにいってほしい。娘はおまえがくわえて連れてきたのであって、私が誘拐したのではないと」

知事はそれを聞くとひどく驚き、大急ぎでいった。

「と、と、虎さま、ここに近づかないでください。とにもかくにも出廷して証言していただきました。チェンフはすぐに放免してやります。その娘も妻にしてよいことにしましょう。あなたさまは最高の神さまでいらっしゃいます。どうか深い山の奥にお帰りくださいませ」

虎はそれを聞いてもまだ承知しなかった。知事はあわててまたいった。

「チェンフや、虎さまはどうも信じていらっしゃらないようだ。わしの目の前から、おまえは妻を連れて帰ってよろしい」

チェンフはそれを聞くとすぐに妻を連れて家にもどり、虎はようやく立ち去った。

これからというもの、家族は深い山の中で幸福に暮らした。（三倉）

（1）土の中に尖った竹を刺しておく罠

8　孝行息子と虎

韓国

むかし、金堤《ギムゼ》という村に年取ったおかあさんの面倒を見ている男がいた。男は全州《ジョンジュ》の役所に勤めていたが、仕事が終わると、雨が降ろうが、雪が降ろうが、夜にはおかあさんの世話をしに帰り、朝になると早々と全州に出かけていった。

ある夜、全州で仕事を終え、金堤の家へ帰ろうと全州の西の峠を越えていると、大きな虎が前にたちふさがった。

「わたしは今、母を世話するために家へ帰る途中だが、おまえはわたしを食べるつもりか」と男がいった。

虎は頭を左右に振り、背中を見せてそこに乗れというように頭をこくりこくりさせた。男が背中に乗ると、虎は走りだし、あっという間に男の家の庭におろしてくれた。

夜が明けると、また虎がきて、男を背中に乗せて、全州の役所まで連れていってくれた。

そして数年たったある日、男は夢を見た。虎が、任実《イムジル》のあるところで罠にかかって死にそうだから助けてくれという夢だった。

男がかけつけて見ると、人がおおぜい集まって虎をつかまえていた。「その虎はわたしの虎だから殺さないでくれ」と男がいって、虎が落ちている檻に入り、罠をほどいてやった。虎は男に体をすりよせ、しっぽをパタパタさせた。人々は、その虎を放してやることにした。

男は、虎を罠から出してやった。

「おまえは好きなところへ行け」

そののち、役人のところへ行ってありのままを話して「遅刻いたしました」といった。

役人も男の孝行心に感心し、国に報告した。男は、孝子旌門（孝行のあかしの門）を建ててもらった。

この孝行者の子孫は、今も金堤の暁村にはおおぜい住んでいる。

（辻井）

9　虎の眉毛

1　韓国

人間を百人食べた白虎がいた。その白虎は、人間に化けることができ、人間のことばもわかった。

男が山へ入って僧になり、修行をおえて下りてきた。ある高い山の麓《ふもと》にさしかかると、人がおおぜい集まっていた。僧は、どうしてここに人が集まっているのかたずねた。すると、人々はいった。

「ここの峠には白虎がいて、人間をとって食うので、一人では越えられない。百人集まって、いっしょに峠を越えようとして待っているところだ。百人集まるのを待っていっしょに越えよう」

「そんな必要はない。ひとりでも無事に越えることができる」僧はいって、山へ登っていった。

息をきらして山のてっぺんにのぼって見ると、老人が座っていた。僧は、その老人は白虎にちがいないと思い、近づいていきいた。

いってくれた。

「わしは人間は食べない。獣を食べているのだ。これを目に当てて下にいる人たちを見なさい」

僧が、虎の眉毛を目に当てて山の麓に集まっている人を見ると、そこには人間どころか牛、馬、豚、犬、鶏が見えた。

「おまえは人間に見えるから食べない」と老人はいった。

僧は、虎の眉毛を持って家に帰り、妻を見た。妻は鶏だった。そこで、僧は妻には鶏に見える夫を迎えてやって、自分は人間に見える妻をもらって楽しく暮らしたということだ。

（辻井）

「人なのか、白虎なのか」

「白虎だ」と老人は答えた。

「どうして人間を食うのか」と僧はたずねた。すると老人は眉毛を一本抜いてくれて

10　虎の眉毛 2

韓国

むかし、ひとりの男がいた。家族が多く貧しく、楽しく暮らせなかったので、世間見物でもしようと家を出て、あてもなくうろつきまわっていたが、平安道寧辺《ヨンビョン》の妙香山のお寺に入った。寺からは僧がひとり出てきた。「おまえはどこのだれで、どこへ行くのか」

男は家が貧しく家族が多くて暮らせないので、家を出て歩きまわっているといった。するとと、僧はいった。「では、わしがいっしょにおまえの家に行こう」

男は家に帰った。僧は、眉毛を一本抜いてくれていった。

「これを目にあてて家の中の人を見なさい」

男が眉毛を目に当てて見ると、家の中の人はみんな鶏になって麦をついばんでいた。僧は、白虎になって家中の人を全部食べてしまった。

「おまえの家には鶏がたくさんいて、いくら働いてもかたはしから食べてしまったから貧しく苦労していたのだ。おまえに妻をもらってやるから、妻と仲よく暮らせ」と僧はいうと、かわいい妻をつれてきて、どこかへ行ってしまった。

妻というのは、中国天子の娘だった。僧が白虎になって背中に乗せてきたのだった。

男は妻と仲よく暮らしていたが、中国の天子は娘がいなくなったので、娘をさがす人を求めた。朝鮮にもさがす人を求め、おじいさんが鶏を呼び集めている絵を送りつけていった。

「この絵に描かれた老人の年が何歳かわかる人をさがして中国に送ってくれたら、たくさんの賞金を出す」

朝鮮国王は、この絵をいろいろな人に見せて、描かれたおじいさんの年齢を当てさせようとしたが、わかる人はいなかった。

男はうわさを聞いて、ソウルにのぼり、絵を見るやいなやいった。

「このおじいさんの年齢は八十一歳だ」

「どうしてこのおじいさんの年が八十一歳なのか」と朝鮮国王はたずねた。

「このおじいさんは鶏を集めようと呼んでいる。鶏を呼ぶときにはククという。九九は八十一だから八十一歳だ」と男は答えた。

八十一歳だとあてたので、この男が朝鮮の人さがし名人ということになって、中国の天子の元へ派遣された。

中国の天子は、男に会っていった。

「自分の娘が数年まえに白虎にさらわれた。娘は死んだのか生きているのか、死んだとしたらどこで死んだのか明らかにしてくれ」

男は今までのいきさつを語り、「娘は私と一生いっしょに暮らす約束をしました」といった。

すると、中国の天子は「それではおまえはわしの婿だ」と喜んで、すぐさま娘を呼び寄せ、いっしょに楽しく暮らしたということだ。（辻井）

◆コラム◆　韓国の虎

韓国の民話には虎がたくさん登場する。語り初めの言葉に「昔、昔、虎が煙草を吸っていた頃」というフレーズがあるほどだ。

実際、虎もたくさんいたらしい。韓国の山神堂には、虎に乗る山神が描かれている。虎自体が山神ともみなされていたようだ。当然、本物の虎の話も多いが、実は民話の中での虎は、権力者、両班《ヤンバン》の象徴として描かれることが多い。

絶大な力を持ってはいるが、しばしば庶民を象徴するウサギや、知識者であるカササギにばかにされたり、揶揄《やゆ》される対象として登場してくる。例えば、虎の縞模様の由来は、ウサギに雀をごちそうするとだまされた虎が、竹藪で焼け死に、毛がまだらになり火を恐れるようになったと語られる。この虎は、権力が実体を失っていることに気づかない両班の姿を現している。

おばあさんの丹精込めた大根畑を荒らして、おばあさんに助太刀する卵や臼、牛の糞、むしろ、しょいこなどに退治される虎もいる。

また、古い家に住む老夫婦がこの世の中で一番恐ろしいものは「古屋の漏り（雨漏り）」だと言うのを立ち聞きした狼が、それを自分より強いものと勘違いしたところから始まる日本民話の「古屋の漏り」と全く同じ展開をする「串柿と虎」でも、ウサギの介在によってひどい目に遭うことになる。「手紙が来た」（第七章7）は、串柿の代わりに手紙が虎より怖い存在として語られている。

「串柿と虎」同様、日本の狼が韓国の虎に入れ替わっている例としては「虎の眉毛」（第四章9、10）がある。日本の民話「狼の眉毛」とうり二つで、眉毛をかざして見ると、人間と見えたものは豚や牛になり、かざしても人間の姿のままだった女と結婚して幸せになる。

儒教の国、韓国ならではの話と思われるのが「孝行息子と虎」（第四章8）だ。官庁での仕事の後、遠い道のりを歩いて母親の世話に行く息子に感動した虎が、息子を背中に乗せて一瞬のうちに送り届ける。この話では息子は最後に表彰されてめでたしとなるが、「虎になった孝行息子」（第二章20）は、母親の病気を治すため、虎に変身して犬の肝を集めていた息子が人間にもどれなくなるというせつない話である。

虎は、最強の動物なので、その爪や牙が強壮剤として珍重された。そのためもあって乱獲が進み、更に山野開発の妨げになるとして、巡査に鉄砲を持たせて駆逐したため、韓国では絶滅した。一九八八年のソウルオリンピックのマスコット「ホドリ」は虎のぬいぐるみだったが、生きた虎がいないため、日本の動物園から子虎が寄贈された。

虎退治の話は数え切れないが、その中でも、父親を食い殺された息子が苦難の末、虎退治をして仇討ちをする話が数多く残されている。高い木の上に吊された人間を餌に虎を捕まえるという話もあるが、油を塗った子犬を綱でつないで次々と呑み込ませ、虎を数珠つなぎに捕まえるなど、荒唐無稽な話も多い。鼻筋に切れ目を入れて丸ごとはがしたという「虎の毛皮」（第七章6）もその一つである。

今や韓国の虎は、民話の中だけに生きている。

（辻井）

第五章　ロンドン万歳——魔的な猫

1 猫に襲われた仕立て屋

イギリス〈スコットランド〉

ハロウィーンの夜、マキルドンという名前の仕立て屋が、家のほかの者たちはみなお祭り騒ぎをしに近所の家に出かけたというのに、ひとりで家に残っていた。ベッドに座って仕事をしていると、おびただしい数の猫が入ってきた。

猫たちは、ベッドの端で肉の入った袋にむらがると、あっという間に引き裂いて、肉をがつがつ食べだした。それから、仕立て屋をとりかこんで、「マキルドンに前足の裏側をおみまいしてやるぞ」と一匹がいうと、別のが「マキルドンに前足の表側をおみまいしてやるぞ」といった。

猫たちは口々にそういって、あるものはあざけるように、あるものはおどすように、仕立て屋に向かってするどくとがった爪を振りかざした。

仕立て屋は恐ろしさにいてもたってもいられなくなり、あかりを吹き消し、戸口にとんでいくや、一目散に逃げ出した。後ろから猫たちが追いかけてきた。やっとの思いで仕立て屋は近所の家にたどりついたのだが、その背中は悪魔のような猫たちによってずたずたに引き裂かれていた。

（岩瀬）

2 ばけもの猫　イギリス

リビングトン・パイクとホートンの間の土地は、以前は海岸までずっと荒れ地で、うっそうと木がしげっていた。そこの、ウィットル・ル・ウッズというところに、昔、住民が教会を建てることにした。お金を集めて、自分たちで土を掘って建物の基礎をつくった。年老いた牧師は、一日目の仕事のできばえに大喜びし、期待に胸をふくらませた。

だが、次の朝早く起きて現場を見てびっくり仰天した。自分の教会があとかたもなくなっていたのだ。草も花も刈り取られたあとはなく、何もかも元通りだった。まもなく工事をする人たちが集まってきて、自分たちがした仕事はどうなったのか、工事の続きのために積んであった石はどうしたのかと牧師にたずねた。

ショックから立ち直れないでいるうちに、レイランドから使いの者が大急ぎでやってきた。そして、教会の基礎が夜のあいだにこつ然と現れて、粉屋のアダムが牧師を不法侵入で訴えると息まいているといった。集まっていた人たちは、みんなで使者といっしょにレイランドへ行き、その土地をきれいに片づけ、基礎をもとの場所へもどした。

その夜、牧師は、昼間の仕事を守るために二人の見張りをたてた。二人は交替で見張ることに決めていたが、二人とも眠ってしまい、朝になると、また教会の基礎は消えてなくなっていた。何もかもがまたやり直しということになったが、人々の努力はむだではなかった。

二日目の晩は、牧師自身が見張りといっしょに真夜中近くまで残っていた。だが、牧師が立ち去るとまもなく、見張りの一人が何かが動くのに気づいた。すぐに、炎のような目をした巨大な猫が見えた。猫は、大きな石を軽々と持ちあげて走っていき、すぐにもどってきて、また石を持っていった。驚いて、しばらくながめていたが、若いほうの男が大きな木のきれはしをつかむと、猫にそっと近づいて頭をなぐった。猫は悲鳴をあげて男にとびかかり、地面に押し倒すと頭にかみついた。年上の男は恐ろしくなって逃げだして、牧師をさがした。二人がもどってくると、年下の男が死んで地面に横たわっていて、教会の基礎はまたもやなくなっていた。

これを見て、ウィットル・ル・ウッズには新しい教会は建てられないということに意見がまとまり、教会はレイランドの粉屋の土地に建てられた。

（岩倉）

3 小舟の中に猫　リトアニア

私の父親が話してくれたことだ。グリビニス湖に漁に出かけたが、なんにもとれなかった。それで小舟をこいで岸から離れていったら、なんと、船縁に黒猫がチンと座っていた。父さんは水をくむや、猫の顔にばさっとかけた。とたん、猫は消えた。もっとこいでいくと、またもや猫がすわっている！　父さんがもう一度水をぶっかけると、猫もまた消えた。こんなことが三回もあって、それでもう湖からもどるはめになった、ここじゃなんにもとれないな、ってさとってね。

それに、別な時には、父さんが漁に出ようとしたら、小舟の下で豚がブーブー鳴いたもんで、手ぶらでもどることになった。実のところ、小舟になんかあったわけじゃないが、ともかく豚がブーブー騒いだんだ。父さんは声を聞いただけなんだけどね。

（渡辺節子）

4　ロンドン万歳

イギリス〈スコットランド〉

キンテイルの人里離れた小屋に、羊飼いがひとりで住んでいた。ある晩、羊飼いは暖炉に明るくここちよい火を燃やしつけてから、暖炉の向かい側にあるヒースでこしらえたベッドに身を投げ出した。そこへ、二十匹ほどの猫が小屋に入ってきて、暖炉のまわりにすわって、前足をあげて体をあたためた。一匹が窓のそばに行き、黒い帽子を頭にのせて、「ロンドン万歳！」とさけぶと姿を消した。

ほかの猫たちも一匹ずつ同じようにした。最後の猫が帽子を落としたので、羊飼いはそれをつかむや頭にのせて、「ロンドン万歳！」とさけんで猫たちを追いかけた。

またたくまに羊飼いはロンドンについた。そして猫たちといっしょにワインを飲みに地下室に行った。羊飼いはぐでんぐでんに酔っ払って、そこで眠りこんでしまった。朝になって羊飼いは逮捕され、裁判にかけられて、絞首刑に処せられることになった。処刑台につれていかれたとき、羊飼いは、地下室でかぶっていた帽子をもう一度かぶらせてください、あの帽子は母さんからの贈り物で、死ぬなら帽子をかぶったまま死にたいんですと懇願した。いよいよ縄が首にかけられたとき、羊飼いは頭にのせた帽子をぽんとたたいて「キンテイル万歳！」とさけんだ。

羊飼いは縄を首につけたまま絞首台もろとも姿を消した。そのころ、キンテイルの友人たちはようやく羊飼いが行方不明になっているのに気づいて、丘陵地帯に捜しに出ようということになり、その前に、羊飼いの小屋に集まっていた。そこへ、突然、羊飼いがおかしな格好をして姿を現したものだから、友人たちは肝をつぶした。

（岩瀬）

5　モリー・ディクソン　イギリス

イングランド北部では、猫の姿で現れる妖精の話がよく聞かれる。ロングスタッフ氏の話によると、ダラムのストレインドロップに住む農夫が、ある晩、橋を渡っていた時、一匹の猫が飛びだしてきた。猫は農夫の前に立って、顔をじっと見てこう言った。

「ジョニー・リード！　ジョニー・リード！
マダム・モンフォートに伝えておくれ
モリー・ディクソンが死んだって」

農夫は家に帰り、とても不思議がって、この恐ろしい言葉を妻に聞かせた。すると、飼っていた黒猫が起きあがり、「そうなの？」と言って、それきり姿を消した。猫は妖精の仮の姿で、姉の葬式に出かけたのだと考えられた。

イングランド北部では、妖精は死ぬと言われ、田舎の人たちは草の緑の濃い場所を指して、妖精の墓だという。（岩倉）

＊仲間の死を知った飼い猫が、「こんどはおれが猫の王さまだ」と言って去っていくという類話がよく知られている。ロシアでは、ペチカの後ろから声がして何かが出ていく気配がすると語られ、姿はわからないが家の精だろうと考えられている。

6　靴をほしがった猫　アイルランド

ずっと昔、この教区にドナルという男が住んでいた。ある時、ドナルは次の日に市場に行こうと思った。ドナルには三人か四人の子どもがいたが、冬が近づいて来たので、子どもたちに靴を買ってやろうと思ったのだ。いつものことだが、ドナルは前の晩に、子どもたちの足の寸法をはからなければならなかった。次の朝早く家をでることにしていたからだ。子どもたちの寸法をはかり終えたとき、炉辺の灰の中で寝ていた、ちっぽけなきたない猫が起き上がって、伸びをすると言った。

「おい、ドナル、おいらにも靴を買ってきてくれないか」

「ああ、わかった」ドナルはこうは言ったものの、猫が恐くて、その夜はよく眠れなかった。

次の朝起きると、ドナルは身支度をして、イニッシュ・ドーマンの市場に出かけた。市場で靴を買って家に帰る途中、ドナルは知り合いの男に会った。男は猟犬を連れて、銃をもっていた。ドナルは男に、猫が前の晩に言ったこと、それに答えてドナルが猫に言ったことを話した。

「そうか。今晩おまえさんが家に帰ったら、猫がどうして自分には靴を買ってこなかったのだ、ときくだろう。そしたら、こんな風に言うんだ。『おまえをイニッシュ・ドーマンに連れていかなければ靴は買えない。おまえを連れていって、靴屋に寸法をはかってもらわなければ、靴を作ってもらえないんだ』ってね」男はこう言うと、さらに続けて、「明日猫を連れてくるとき、やつを袋に入れてこい。わしは道に出て、おまえさんを待っている。猟犬をつれて、銃を持ってな。わしがその猫をすぐに片づけてやるよ」。

こうしてドナル・オ・ジア(これがドナルの正式な名前だったんだ)はその夜家に帰った。家に帰ると、子どもたちそれぞれに靴をはかせて、寸法があっているか確めた。猫はその間、ずっと炉辺に横になって待っていたが、むっくりと起き上がると言った。

「ドナル、おいらの靴はどこだい」

「ああ、今日はおまえの靴は買えなかったのさ。靴屋が言うには、靴屋が直接おまえの寸法をはからなければ、おまえの靴は作れないのだそうだ。だから、明日おまえをイニッシュ・ドーマンに連れてきてくれって、言っていた」

「ああ、ドナル、だけど途中で犬に会ったらどうしよう」猫が言った。

「犬のことなら大丈夫だ。おれはおまえを袋に入れて、馬の鞍の前のほうに乗せていくから、誰もおれが何を持っているかわからないだろう」

次の朝、ドナルは起きると、身支度をして、ロバに鞍をつけると、猫を袋にいれて、鞍の前にのせて出かけた。ドナルがドローマ・ナ・グランというところにさしかかると、昨日の男が約束どおり待っていた。男は犬を連れていた。猫は犬のクンクン鳴く声を聞いて、ドナルの腹に爪を立てて言った。

「おい、犬の鳴き声がする。おれのことを必ず守ってくれよ」

「大丈夫だ。犬がかみつくようなことはさせないから」

ドナルは男をやり過ごした。しばらくすると別な男がやってきた。

「やあ、ドナル、こんちは」

「やあ、こんちは」

「ドナル、おまえさん、イニッシュ・ドーマンに行かない日はないようだね」

「まったく、その通りさ」ドナルが言った。

「たしか、昨日も見かけたな」

「昨日、イニッシュ・ドーマンの肉屋に子羊を持ってくると、約束したんだ。それで羊を持っていくところなんだよ」

「いい子羊かい」男がきいた。

「いいや、きたないちっぽけなやつさ」

「そんなきたない子羊を肉屋が買うもんか」

「そんなことはどうでもいいのさ。約束したから持っていくんだ」ドナルが言った。

「わしに見せてくれないか」男が言った。この男も犬を連れていた。

猫はまたドナルをひっかいて言った。

「ああ、ドナル、ぜったいに見せないでくれよ」

ドナルは男に言った。

「今は見せられない。もしおれが袋からこいつを出してしまったら、逃げちまって、二度と捕まえられないからな」

男はやにわに袋をつかむと、鞍から引きずり下ろした。そして袋をさかさまにして、猫を外に出した。犬が猫に飛びかかった。ネコは、もうおしまいだ、何をわめいても助からないとわかると、ドナルに言った。

「ドナル、おいら、おまえをみくびっていたようだ」


（渡辺洋子）

7　もめごとの種　ブラジル

一組の幸せな夫婦がいた。妻は家事をし、夫は旅をしていた。夫はとても心がけがよかった。

ある日、旅から帰るとちゅう、道端のマンゴーの木の下を通ったとき、真っ黒な猫がいた。家で何も飼っていなかったので、妻の元に連れていこうと決めた。そして猫を連れて家にもどった。

家に着いて、試しに皿にミルクをついでやると、猫はがつがつと飲んだ。またすぐに旅に出ることになり、妻に「猫の面倒をよくみるように。そうしないと後悔するよ」と言って出かけた。

猫には悪魔がとりついており、夫の言葉を聞いて、この家にひと悶着《もんちゃく》起こしてやろうと決めた。猫は食べまいと決心して、飢え死にしない程度に食べた。

夫が旅から帰ったら、猫はやせ細っていて、夫はがっかりした。そして妻に「今度帰った時また猫がやせていたら、おまえをひっぱたいてやる」と言った。この気の毒な夫がこう言うのも無理はなかった。夫の手からは猫は何でも食べたのだ。しかし妻が与える食べ物は、妻が一生懸命食べさせても、決して食べようとしなかった。

夫が旅に出るやいなや、ほかの悪魔たちに自分の成功を報告しようと、猫は走って家を出た。夫と出会ったマンゴーの木の下に向かった。その時、夫は杖をどこかに置き忘れたことに気づき、探しながら家にもどるところだった。そしてマンゴーの木の下に来たとき、猫がこう話しているのを耳にした。

「また大成功さ。もうもめごとの種はまいた。今度男が家に帰ったら、嫁さんをたたくにちがいない」

夫は爪先立ちで歩いて家に帰り、袋を探し、猫を呼んだ。猫があらわれた。夫は力ずくで猫を捕まえ袋に押しこみ、袋の口を縫いつけた。こん棒でぽかぽかなぐって、この悪魔を地獄に送った。


（紺野）

8　ガット・マンミオーネと猫たち　イタリア

昔あるところに、女の子を二人もった母親がいた。一人は実の娘で、もう一人は夫の子だった。その子の母親は死んでしまったのだった。

母親は継娘に言った。

「おまえは猫たちのところに行かなくちゃ。粉をふるう篩《ふるい》を貸してもらいに行くんだよ。木靴で戸をたたいて、篩を貸してくれるように言うんだよ」

「だけど、猫の家の戸はガラスよ。木靴でたたいたら割れてしまうわ」と女の子は考えた。

そこで女の子は戸を小さな手でたたいた。するとガット・マンミオーネが顔を出して「何の用かね？」と言った。

「母さんが、篩を借りてこいって」

「そうかい、じゃあ、おいで」

そこで階段を上っていくと、一匹の子猫がいた。

「おいで、おいで、私がお掃除してあげるから」

また上がっていくと、かまどで火をたいている別の子猫がいた。

「猫ちゃん、なにしてるの？」

「かまどで火をたいてるの」

「おいで、私がやってあげるわ」

また登っていくと、もう一匹の子猫がいて、粉まみれになって、粉をこねていた。

「おいで、子猫ちゃん。私がつくってあげるから」

上までいくと、ガット・マンミオーネがいた。ほかの猫たちはみんなあとをついてきた。

女の子は、言った。

「まあ、みんな汚れてるわねえ。私が毛をとかしてあげるわ」

それからみんなはガット・マンミオーネの前に出た。

「みんな汚れているからきれいにしなくちゃね」

そうして毛をとかしはじめると、ガット・マンミオーネが言った。

「髪の中になにがみつかったかね？」

「金と真珠がみつかったわ」

「それでは、その金と真珠はおまえのものだ」

みんなの毛がきれいになると、猫たちはある部屋に女の子をつれていった。そこには特別美しい衣装がたくさんあった。靴なんかもいっぱいあった。

「すきなのをお選び」

女の子は空色の服を選んだ。その服を着てすっかりきれいになると、ガット・マンミオーネは言った。

「帰りに雄鶏が鳴いたら手を額にあててごらん」

女の子は出かけた。猫たちは篩とそのほかのものを持ってついていった。途中で雄鶏が鳴くと額に小さな星があらわれた。

家に着くと母親はかんかんになって怒った。そしてねたましくなった。

「こんど篩を返しに行くときは、私の娘を行かせよう」

そこで自分の娘にどうすればいいか、つまり、もうひとりの娘に言ったように言ったのだ。

ところがこの娘は、木靴でドアをたたいて、ドアを壊してしまった。そして猫たちを呼んだ。するとあの巨大な猫が顔を出した。

「なんの用かね」

「母さんがこれで粉をふるって、それから返してこいって」

「そうかい、こっちへおいで」

上にあがると、階段を掃除している子猫がいた。その猫をけっとばして、階段の下に追いやった。その上にはパンをこねている子猫がいたので、その子猫を粉の中に放りこんで粉まみれにした。そのあとさらに上がるとかまどを温めているほかの子猫たちの毛をこがした。

「さあ、わたしたちの毛をちゃんととかしにあがってきて」

と、子猫たちは言った。だが女の子はそんなことは無視した。するとその時、猫たちは言った。

「毛の中に何をみつけた？」

「シラミとシラミの卵だよ」

すると、猫たちは「あんたはシラミとシラミの卵だらけになるさ」

そこで猫たちはこの女の子をあの部屋に、つまりもっときたない部屋につれていった。

それから娘におんぼろの服を着せて、追い出した。それから言った。

「ロバが鳴いたら手を額にあててみな」

そこで、女の子はロバが鳴くのを聞いて、手を額に当ててみると、そこには立派な
尻尾が生えていた。
それから女の子が家にもどると、母さんはかんかんに怒った。おんぼろの服を着て、
こんなにみっともなくなってね。（剣持）

＊ガット・マンミオーネは妖怪的で巨大な猫の親分。

9 魔女猫

ドイツ

ずっとまえの話だが、ある鉱山労働者がユリアーヌ山の上で夜勤をしていて、毎晩十一時に行って、仲間と交代しなければならなかった。そこで、決まった時間に家を出て、ツェラーフェルトのシュピタール通りを行き、町から上の十字路にやってきた。見ろ！　そこに漆黒《しっこく》の闇のように黒い猫がいて、訴えかけ、ひどくあわれっぽくすり寄り、鉱夫の回りを親しげにうろついた。黒猫は離れようとはせず、あちこち、前に後ろに、鉱夫の行くところろついてきた。

猫がいつまでもついてくるので、鉱夫はたずねた。

「おまえは今晩まだ何も食べてないのか？」

そして、携帯用パン袋を開けて、ちょっと大きな固まりを取り出すと猫に投げてやった。猫はそれをがつがつと食べると、そのまま先に跳んでいってしまった。

鉱夫はそれが何か悪いことをもたらすなんて考えもしないで、目的地をめざした。二日目の晩、同じようなことがあった。ちょっとちがうのは、鉱夫が猫と出会ったのがさらに高い場所までやってきたときで、猫はもう来ていて、パンの固まりを投げてやるまでかなり長い間まつわりついたということだ。

ずうずうしいやつだと思ったので、鉱夫はつぎには道具をつかってやろうと決心した。翌日家に帰るとぐっすり眠り、起きるとまず太い丸太にたくさんの釘を打ちつけた。もし猫がまたしつこく餌をねだったら、それを猫に見舞ってやるつもりだった。

夜になって鉱夫がまた出かけていくと、あの猫がまたやってきて、これまでの晩と同じようにつきまとった。鉱夫は長い間いらいらしているのがいやだったので、猫の頭を丸太で乱暴にたたき、猫はギャオーと鳴いて地面に倒れた。

ところが、この叫び声を合図に、数えきれないほどたくさんの猫が集まってきた。猫たちは鉱夫におそいかかり、ひっかいたり、かじったりした。

翌朝、鉱夫は十字路で食い裂かれて死んでいるのを発見された。

あとでわかったことだが、あの猫は魔女で、鉱夫の死を予言して殺したのだ。

この女は、のちに一枚の布を頭にのせて、手術台に縛られていた。食い裂かれた鉱夫が丸太に打った釘と同じように、この女の頭にたくさんのちいさな釘の穴が開いていた。

（高津）

10　黒猫　フランス

誰かが一夜にして金持ちになり、とつぜん降ってわいた富について、満足のいく説明ができない場合、その人間は黒猫を飼っているからだといわれる。たしかに、全身真っ黒な猫は、大事に扱ってくれる人に富をもたらすという言い伝えがある。

黒猫にお勤めをしてもらいたいと願うなら、聖母マリアの祝日(1)のうち、いずれかの日を待って、家の主婦が自分の乳房をふくませて乳を飲ませてやる。すると黒猫は、背中に二つの袋をしょって、いずこともしれぬ目的地にむかって旅立つ。一つの袋にはお金が入っており、もう一つの袋はからっぽで、それに同じくらいのお金を満たしてもどってくるのだ。旅の道のりはけっこう長くて、背中の荷物が重いので、黒猫はへとへとに疲れて帰ってくる。ねぎらいの言葉をかけてやったあと、鉢にお粥を用意してやり、暖炉のそばで、主婦が注意深く脚と腹を温めてやる。

つぎつぎに九人の主人に仕えた黒猫は、当然の権利として、九人目の魂を地獄へもっていく。それだけではなく、今仕えている主人が亡くなった場合も、同様の権利を行使する。したがって、富を手に入れた者は、できるだけすみやかに、黒猫を誰か隣人にわたしてしまう。この悪魔的な動物をゆずるにあたっては、必要ならばたっぷりのお金を添える。（新倉）

（1）聖母マリアの祝日には、八月十五日の被昇天の大祝日をはじめ、潔めの祝日（二月二日）、受胎告知の祝日（三月二十五日）、誕生の祝日（九月八日）等がある。

11 悪魔のような猫 ドイツ

昔、ある農夫が美しくて大きな猫を三匹飼っていた。隣の男がきて、一匹をくれと頼んだ。男は猫をもらうと、飼いならすために屋根裏部屋においた。

夜になると、猫は天井のはね上げ戸から頭を出してきいた。

「夜の間になにかもってきましょうか」

「ネズミを捕まえてもらいたいよ」と男は答えた。

そこで、猫はネズミを捕まえると、全部土間に投げ入れた。次の朝には、土間がいっぱいになり、戸を開けることが全くできなかった。そこで、男は一日がかりで荷馬車一台分ものネズミを運び出した。

夜になると、また猫ははね上げ戸から頭を出してきいた。

「夜の間になにかもってきましょうか」

「ライ麦をもってきてもらいたいな」と男が答えた。

猫は一晩中ライ麦を流しこんだので、朝になると今度もまた戸を開けることができなかった。そこで、男はこの猫は魔女にちがいないと気がついて、隣の農夫に返した。男はうまくやってのけた。というのも猫に三度目の仕事をやらせていたら、永久に厄介払いすることができなかっただろう。しかし、二度目に「金をもってきてもらいたい！」といわなかったことは賢い振舞いじゃあなかった。だって、ライ麦のかわりに、たくさんの金を手に入れたにちがいないのにさ。

（杉本）

12 達成されない夢　スイス

ラウフェンブルクの貧しい女が、金曜日の夜に夢を見た。それは聖金曜日前に三回あった。その夢は、女が聖金曜日の正午十二時にハプスブルクという古城の決まった場所で、大きな宝を見ることができるというものだった。俗信ではこのような夜に見る夢はかなえられるといわれている。夢は三回、それぞれがまったく同じように繰り返されたので女は決心して、その時間に人里離れた城の塔にでかけていった。

正午の最初の鐘で、女の足元の地面にかすかな震動が起こった。すぐそばに大きな鍋が現れ、その横に火のように燃える目をした黒い猫が座っていたが、そこからさっと消えさった。女はすぐに近寄って、鍋のふたを開けたが、鍋には金の代わりにガラスの破片ばかりがいっぱいつまっていた。女は腹を立てて家に帰り、このできごとをカプチン修道会の修道士に話した。修道士は本気で女を非難し、こんなあざ笑われたように宝が変身したことを、ただ女の疑い深さのせいにした。

このような黒猫は城の霊となる。その霊は時代が新しくなってもなお影響をおよぼしている。ラウフェンブルク城主が追憶のためにラウフェンブルク市教会の死者追悼ミサに寄付をして、毎年、猫のためにミサをあげていたそうだ。しかし、ミサを忘れてしまうようになると、また夜廃墟に激しい風の吹く音やうめき声が聞こえるようになる。そこで、またしかるべくミサをあげているのだ。

（杉本）

13　尽きない銀貨　ドイツ

昔、バルト海の島、スヴィーネミュンデに一人の男が住んでいて、増える銀貨をもっていた。男はその銀貨をこのようにして手に入れた。

男は新年の夜、教会の玄関のところで、体に白い毛が一本もない真っ黒な猫を捕まえて、袋に突っ込んだ。男は袋を肩にかついで、教会の玄関から後ずさりすると、教会のまわりを一回りして、ドアを三回ノックした。

見知らぬ男があらわれて、男に猫を売る気がないかと聞いた。

「いいですよ」と男は答えた。

「いくらだね」ともう一人の男がたずねた。

「一ターラー(1)だね」

「そりゃあ、高い。八グロッシェン(2)なら払うよ」

「売れないね」

そこで、男は今度も同じ方法で教会の周りを回ると、もう一度ノックした。先ほどの男がまたあらわれて、自分の要求を繰り返し、今度は十六グロッシェンと申しでた。

「だめだね」

男は三度目、教会の周りを後ろむきで歩いて、ノックすると、また男があらわれた。男は自分の要求どおり今度はターラー銀貨を手に入れた。

男は猫の入っている袋を地面にたたきつけると、銀貨を持ってすばやく家に帰った。

それからというもの、男がそのターラー銀貨で支払いをするたびに、最後の小銭になったらすぐに、ポケットにはまたちゃんとターラー銀貨があった。　（杉本）

（1） 十六世紀から十八世紀まで通用したドイツ銀貨
（2） 小銭

＊一本も白い毛のない黒猫は悪魔とされ、その猫で手に入れたターラー銀貨は魔法の力を持つといわれている。

14 干草置き場の猫

ドイツ

わたしの父がまだ少年だったころ、ここでは次のような事件が起こったと、キールに住む老婦人が話してくれた。

ワルカーダムにあるアルプという男の家で、何日もの間、干草置き場で猫たちの大騒ぎする音がしていた。ある晩、手伝い女が牛のために干草置き場から干草を下ろそうとした。しきりにうなる猫たちの声がしばらく続いたので、娘はこういった。

「いまいましい猫だわ。なぜそんなにうなるの！」

そして、それから猫めがけて草刈り鎌《がま》を投げつけた。まさにそのとき、猫がみんな娘に飛びかかってきて、娘を引き裂きかみついて、すっかりめちゃくちゃにしてしまった。娘は大声で泣いた。しかし、主人たちが聞きつけてそこに上ってくるまでしばらく時間がかかった。みんなはなんとか娘を猫たちから引き離すことができた。娘はそれが原因で死ぬほどの重体になった。それは十週から十一週間も続いた。医者も娘を助けることができなかった。そしてこの家では毎晩ぞっとするような騒音がしていた。猫たちが大声でニャアニャアと鳴き、牛もまた絶えずうなっていた。だれも干草置き場にいく勇気がなかった。

ついに人々はこのようなことに詳しい、ドルフガーデンに住むテェーミングという名前の男のことを耳にした。主人たちはこの男を呼びよせた。男は病人を見ると、すぐに助けてやろうといった。それから、ベッドの前に座り、娘の傷口から血を押し出すと、本を読みはじめた。するとそこに猫がみんな次々とつまずきながら敷居を越えて部屋の中に入り、ベッドの前まできた。十四ほどいた。男はまた読んだ。すると猫たちは出ていった。

次の朝、隣の奥さんが娘と同じように引き裂かれていた。隣の奥さんは魔女だったのだ。そこで、男は本を読むことで、猫に魔女も同じように引き裂くようにしむけたのだった。このときから、家の中は静かになり、娘は再び元気になったが、それが原因で片足を引きずっていた。わたしがまだ子どもだったとき、老婦人の話したこの娘を見かけることがあった。

（杉本）

◆コラム◆　日本の猫の民話

　猫は古くから人間の身近で生活していながら、野性味を失わないことや、夜行性であることなど、人間の側から見れば不可解な行動が多く、油断のならない魔性のものと思われてきました。このため、猫に関わる俗信や民話にもこうした考えを反映した話が数多くみられます。

　魔性を秘めた猫の登場する話としては、長年飼いならした猫が歌ったり踊ったりするということを明かした主人におそいかかる「猫のおどり」やこれによく似た「猫浄瑠璃《ねこじょうるり》」があります。狩人の飼い猫が山中で主人の命をねらう「猫と茶釜のふた」、鍛冶屋の飼い猫がその家の婆を殺して婆になりすまし、夜になると山で旅人を食い殺す「鍛冶屋の婆」などがあります。これらの話は、マタギや狩人など山で生活する人たちの間で好んで伝承されてきた話のようです。

　また、「猫とかぼちゃ」では、盗みをみつけられて殺された猫が毒かぼちゃに転じてうらみをはらそうとします。こうした魔性の猫の話は、「飼い猫も二貫を越すと化け猫」「飼い猫も十年を越すと化け猫」といった俗信と呼応します。鍋島の猫騒動で伝えられる話の猫は、女主人のうらみをはらすため、行灯《あんどん》の油をなめて夜の出動をし、敵を食い殺します。

同じ魔性を秘めた猫でも、義理がたく恩返しをする猫もいます。「死人に猫を近づけるな、猫が死体をうばう」という俗信と密接な関係にある「猫檀家」の話では、長年世話になった猫が貧乏な和尚さんに恩返しするために長者の娘の棺を空中にあげ、和尚さんが「ナムトラヤ」とお経を唱えると、棺をおろして和尚さんの評判をよくするという話です。

「猫又屋敷」では、死んだ猫が行くという猫山へ迷い込んで殺されそうになった男を、元の飼い猫が救います。阿蘇山には猫が死んだら行くといわれる猫山という名の山が実際にあります。

佐渡おけさにもうたわれる「おけさ猫」の話では、世話になった主人のために、きれいな娘になった猫がうたっておどってお金をかせいで恩返しします。またやさしくしてくれた男のところに嫁にくる「猫女房」、古寺で大ネズミに食われそうになる主人を絵に描いた猫が救う「猫寺」という話もあります。

動物昔話に登場する猫は意外に少なく、「十二支のはじまり」では、なぜ猫が十二支にはいらなかったかという視点で語られ、現在にいたるまで猫がネズミを追いかける理由で終わります。余談ですが、ベトナムでは十二支に兎の代わりに猫が入っています。埼玉にある、「ねずみ、にわとり、猫、いたち」は、四匹の動物が神棚のお供え餅を順にわたして取ろうとするが失敗するという単純な内容の話ですが、それぞれの動物の鳴き声がたくみに使われた笑い話になっています。

そのほか、ヨーロッパ型の話として、沖永良部島に、猫を殺して猫皮をかぶる「うば皮」型の話「猫の面」や、本書にもある「犬と猫と指輪」や「ブレーメンの音楽隊」型の話なども日本の話として根づいて語られています。

（高津）

第六章　ネズミの喜び——動物たちのつきあい

1　ネズミの喜び　ウクライナ

ある家で猫が死んだ。ネズミどもにはなんという喜び、これでもう嘆きはなくなると思ったのだ。でもうれしさは長く続かなかった。奥さんが別なのをもってきたのだ。猫はただちにネズミとりにかかった。捕まえたのはたちどころに殺す。ネズミたちは予期せぬおどろきでいっせいに叫びだした。

「新しい猫！　新しい猫！　なんとか逃げなきゃ。でないと一匹も残らなくなっちまう」

「でもどうやって？」

「いいことがあるよ」ちっこいネズミがいった。「猫の首に鈴をつけよう。そうすれば猫が走ってくるのが遠くからでもわかるから。その間に逃げるんだ」

「そりゃいい！」

「でも、誰が猫の首に鈴をつける？」

一匹がたずねた。全員がお互いをみつめ、黙ってしまった。そんな勇ましいのはいなかったから。一方猫はその間にも鈴なしで歩きまわり、ネズミを次々捕まえた。
（渡辺節子）

2　ハジの猫とネズミたち

モロッコ

メッカへ巡礼に行った猫がいた。そこでそれまでは仲よくなれない敵であるネズミに、今後はいっさい迷惑をかけないとメッカで誓約をした。数か月して生まれ故郷へ帰ってきた。そして前に住んでいたのと同じ場所に家を構えた。そこで猫の主人たちは、猫がもう旅に出ないように、たいそう猫をもてなした。というのも主人の子どもたちの誰かが猫をいじめたので、猫が出ていったのではと思っていたからである。

ある夜、ハジ(1)の猫は、いつもネズミが出入りする穴のところへ行き、ネズミたちに呼びかけて言った。

「友だちのネズミさん、今日からは私たちの間には平和が来るでしょう。だから今後戦いはありません。われわれの間で過去にあったことはすべて忘れましょう」

ネズミたちは猫を信じ、今後ありがたい平和を長く保つためには、どのような条件があるのかを聞こうとして、ネズミ穴の入口に集まった。みんなが集まると、いちばん小さいネズミが猫に言った。

「猫おじさん、この平和はどのような条件で約束してもらえるのですか?」

ハジの猫は答えた。

「簡単なことだよ。あなたがたは一匹ずつ私の口ひげの上を通るのだ。そして通った者だけが、年に六十アルムー(2)の乾ブドウを受け取ることになるのだ」

いちばん小さいネズミは長い間、猫をながめていた。それからネズミ穴に帰り、兄弟たちに「猫おじさんは善良なハジというのにふさわしいお方です。しかし、猫の子ですから、猫としての特徴もまだお持ちです」と言った。そしてまた言葉を続けた。

「だからネズミ穴の中に隠れている者は、出入りする穴を一つだけにして、その開け閉めは神さまにおまかせしましょう」

こう言うと、再びハジの猫のいるところへもどって、猫に言った。

「猫おじさん、あなたの提案はすばらしく値打ちがあるものです。しかしそれは私たちには何もいいことはありません」

こう言うと、再び穴にもどって、猫が眠っているか、どこかへ行っている時のほかは、二度と穴から出ていこうとはしなかった。そしてそれからもずっと、猫とネズミはお互いに敵どうしのままだ。

(三原)

（1）メッカに巡礼した人はハジという尊称で呼ばれる。

（2）容積の単位。国、地方によって異なるがスペインでは四・七リットル、ブラジルでは三十一・九リットル。

3　ネズミたちと猫　ドイツ

ネズミたちが、まじめな表情ですわって地面を見ている猫をネズミ穴からのぞきながら、話し合っていた。

「きっと、この動物はよくいわれているほど残酷ではないさ。だって、この控えめな視線は、この動物がやさしくて無垢《むく》な気質で、残酷というよりは親しみやすさをあらわしている。あの動物からどんな悪い想像をするというのだ！」

「おれはすぐに出て行って、猫と話してみよう。君たちの幸せのために、猫と平和同盟を結ぶことができないかどうか試してみよう」

と一匹のネズミが言った。

そして、ネズミたちはこの気高い計画のためにこぞってこのネズミを勇気づけ、そのネズミは大胆にも外に出て行った。

ところが、ネズミが猫に近づくと、猫は振りかえってネズミを見るなり首にとびかかり、たちまち平らげてしまった。

残りのネズミたちは自分たちの使者のかわいそうな最期を見たとき、ふるえ上がってもどってきた。そして、二度と自分たちの隠れ家から出ようとはしなかった。

（高津）

4　猫と子ネズミ

ポルトガル

雌ネズミが何匹か子どもを産んだ。子ネズミは足に力がついてくると、外に出たがった。そこで母ネズミが言った。

「悪いやつに会うかもしれないから気をつけるんだよ。恐ろしい敵がいるんだから」

一匹の子ネズミが勇気を出して穴の出口に近づき、見知らぬ者の美しい目を見た。もどると母親に言った。

「巣の出口のむこうにとてもきれいな生き物がいるよ。美しい目をしていて、その毛皮は絹みたいに柔らかくて上品だよ。ぼく、もっとよく見たいなあ。ぼくたちよりずっときれいだよ」

そこで雌ネズミは用心深く息子と一緒に行って、遠くからその生き物をながめた。

「おまえったら！」と母親がさけんだ。「私たちの最悪の敵、猫じゃないの！　この世では見かけにだまされてはいけません。おまえが仲よくなろうと猫に近づいてごらん。猫は私たちをやっつけるために爪をといでおいて、おまえのはらわたをずたずたにするんだよ」

子ネズミはぶるぶるふるえだすと、その悪いやつから離れた。

（紺野）

5　猫とヒョウ　ブラジル

まだ動物がしゃべっていたころ、ヒョウが猫に出会った。そのころヒョウはジャンプができなかったので、こう猫に話しかけた。

「猫さん、今度時間のある時にジャンプのやり方を教えてくれませんか？　私はぜんぜん跳べないのですよ」

猫はこう答えた。

「こうしましょう、ヒョウさん。私に時間ができたら、あなたのお手伝いをしましょう」

ある日猫が来て、こう言った。

「さあ、今日こそあなたにジャンプをお教えしましょう」

ヒョウは答えた。

「跳んでください。私にジャンプを教えてください」

猫はこう言った。

「こうしましょう。まず一番目のジャンプは前へのジャンプです」

「わかりました！」そして跳んだ。

猫はこう言った。

「次は斜めのジャンプです」

ヒョウは跳んだ。

猫はこう言った。

「次は上へのジャンプです。さあ、跳んで。降りて。いや、跳んで。もう一度。ほかのジャンプはどうです？　溝を跳ぶジャンプです」

ヒョウは猫の教えたように溝を跳んだ。すると猫が言った。

「以上で跳び方教室はおしまいです」

「もう？」ヒョウがきいた。

「はい」

そこでヒョウは猫に言った。

「私はこれまで跳べなかったけれど、今はおまえさんが教えてくれたから跳べる。おまえさんをつかまえられるんだ！」

猫はヒョウの前にいた。ヒョウが猫に飛びかかった瞬間、猫は後ろに跳んだ。ヒョウが言った。

「あれ？　おまえさんはジャンプを全部教えたと言ったじゃないか。どうしてそのジャンプを教えてくれなかったんだ？」

「もしあんたに教えていたら、今逃げられなかったからね」


（紺野）

6　虎と猫　インド

もともと、虎は無知だった。あるとき虎たちの王が猫のところにやってきて教えを請うまでは。猫は承知して、虎に、見ること、うずくまること、跳び上がること、それからそのほかあらゆる技術を、この親族の虎に教えてやった。

とうとう虎は、猫が教えられることはすべて教わった、と考えた。そこで猫を引き裂いて食べてしまおうと、師匠にむかって飛びかかった。たちまち、猫はすばしっこく木に駆け上がったが、虎は追いかけることができなかった。

「降りてこい！　降りてこい、今すぐ！」と虎はさけんだ。

猫は答えた。

「とんでもない。もっと教えていなくて本当によかったよ。さもなければ、あんたはここまで私を追いかけてきただろうからね」

（難波）

7　ウサギと山猫

モザンビーク

ウサギと山猫はとても仲がよかった。

二匹で畑を作り、赤い豆と、アーモンドと一緒に地面の下で育てる平たい豆をまいた。収穫の時期が来て、二匹は平たい豆を収穫した。

家に帰って煮こみはじめると、ウサギが山猫に言った。

「水をくみにいってくる」

山猫は家に残って料理していた。ウサギは皮をぬぐと家にもどった。

家に着くなり山猫にさけんだ。

「おい！　はだかんぼうから逃げろ！　おい、はだかんぼうから逃げろ！」

山猫はびっくりして逃げ、ウサギは豆を独りじめして全部食べた。

ウサギは自分の思うようにことが運んで大満足。皮をまとうと家に帰った。そして怒ったふりをして、先にもどっていた山猫にきいた。

「煮ていた豆はどこにいったんだ？」

まだ驚きが冷めやらない山猫が答えた。

「君が出かけてから、ここにとてもみにくい獣が来て、『おい！　はだかんぼうから逃げろ！　おい、はだかんぼうから逃げろ！』とさけんだんだ。こわくて逃げた。豆を食べたのはたぶんあの獣だよ」

ウサギは大満足。前足で鼻面を洗った。

別の日に二匹は赤い豆を収穫に行き、また豆を火にかけて煮はじめた。

ウサギは山猫に言った。

「では、煮こんでいる間に体を洗ってくるよ」

山猫は家に残った。ウサギは家を出ると皮をぬぎ、また家にもどるなり大声をあげた。

「おい！　はだかんぼうから逃げろ！　おい、はだかんぼうから逃げろ！」

山猫は後ろも見ずに裏のドアから逃げていった。

ウサギは思うがまま豆を全部たいらげた。

満腹でご機嫌になって、ウサギは家を出ると皮を着た。また家にもどり、山猫に豆はどうなったときいた。山猫は、始めの時と同じように、何が起こったかを説明した。

それから何日もしてから、二匹はまた赤い豆を収穫した。家に帰るとすぐ煮はじめた。

ウサギはこれまでと同じように友人に言った。

「水をくんでくるよ」

煮ている間にウサギが出かけてばかりいるので、山猫はウサギが何をしているか見に行った。山猫は森に隠れてのぞき見した。

山猫は目を見張った。ウサギが皮をぬいで家にもどるのを目にしたのだ。その時になって自分が罠にはまっていたのを知り、ウサギに仕返ししてやると誓った。

葦《あし》の種を摘むとウサギの皮にすりこんだ。そしてウサギに見つからないように気をつけながら家にもどった。家に入るやいなや赤むけのウサギが豆を食べているのに出くわした。ウサギは自分だと気づかれないように逃げて皮をまとった。

ウサギが帰る途中、体中がひどく痛みだした。痛みにたえきれず泣いた。泣きながら家に帰った。

「どうしたんだい？」と山猫がきいた。

「わからない」とウサギが叫んだ。

「ぼくはわかっているよ」と笑いながら山猫が言った。「ぼくがこらしめのために、君の皮に葦の種を入れたのさ。ぼくをだまして二人分の豆を独りじめして食べたね。

君に仕返ししてやろうと、ボクがたくらんだのさ」

ウサギはかんかんに怒って山猫に飛びかかった。

山猫は爪をかざしながら言い放った。

「もっとひどい目に遭いたくないなら出ていけ！　君よりぼくのほうが怒っているんだ」

ずる賢いウサギは、ここで怒って出ていったら、山猫が畑を全部手に入れてしまうのに気づいた。そこで、いそいで言った。

「もうこの話はよそう。ゆるしてくれたまえ」

それから二匹はまたいい友人になって、赤い豆と平たい豆を二等分するようになった。


（紺野）

8　山猫とコヨーテのひっかきあい

アパッチ（アメリカ）

コヨーテが旅をしていて、いとこの山猫に出会った。立ち止まって話をしているうちに、背中のかきっこをして、どっちの爪が鋭いかやってみようということになった。

山猫は「ぼくは爪がないのだ」と言ったが、実は見えないように毛でかくしていた。

「どれどれ、見せてよ」とコヨーテ。

山猫は本当に爪がないかのようにして、手をさしだした。次に、コヨーテが山猫のよりずっと長い爪を見せた。山猫は、「ぼくが君の背中をひっかいたとしても、ほんの少しの毛と皮膚の粉が落ちるぐらいだ。だけど君がやったら、ぼくはひき裂かれてしまう」

それから二人は「君から先に始めてよ」とか「いや、君が先だ」などと言いあらそった。しかし、コヨーテは自分が先にすることにした。というのは、爪のない山猫をやっつけるのは、そう難しくないと思ったからだ。

山猫に背を向けて座るように言い、首から尾まで力いっぱいガリガリやったので、背中じゅうの毛がたくさんぬけ落ちた。

「いやはや、いとこ君、背中が痛いのなんのって」と山猫。コヨーテは小気味よく笑った。山猫は、本当は少しも痛くなかったのだけれど、そのように見せかけたのだ。

さあ、山猫の番だ。コヨーテは座って背を向けた。

「ぼくの爪はそう長くないから、ほとんど感じないくらいだと思うよ」

しかし、その段になると、山猫はかくしていた爪をひき出して、コヨーテの背を思いっきりひっかいた。背の皮が破れて肉がでるほどだ。コヨーテは飛びあがり、叫んだ。

「いとこ君、君はぼくを殺す気かい!」

(新開)

9　仏法を守る猫　スリランカ

猫が米袋に入っている干し魚を見つけて食べようとした時、上から数珠《じゆず》が猫の首に落ちてきた。

猫は数珠を首にかけたまま出かけたが、キジは猫を見ると逃げだした。猫は声をかけた。

「私は仏法を守っているのです。三重の飾りを持つ者よ、こっちへ来て私と一緒に行きましょう」

猫がキジをつれていく途中で、ミチバシリ（カッコウの仲間）に出会った。猫は鳥に呼びかけた。

「私は仏法を守るものです。森を走って鳴くものよ、こっちへ来て私と一緒に行きましょう」

次に野ウサギに出会った。猫は野ウサギに呼びかけた。

「とびはねるものよ、こっちへ来て私と一緒に行きましょう。私は仏法を守っているのです」

岩穴に着き、そこを僧院として暮らしているうちに、猫は言った。

「とびはねるものよ、三重の飾りを持つ者はこの僧院の床をひっかいて汚している。私はこれを殺さねばならない」

すると野ウサギは言った。「いいですね」そこで猫はキジを殺した。

猫が「死んだものを食べることは間違ったことではないね？」と言うと、野ウサギは「間違ったことは何もないね」と答えたので、猫はキジを食べた。

しばらくして猫は言った。

「とびはねるものよ、この森を走って鳴く者はアラック酒（ヤシで作った強い酒）を目が赤くなるほど飲んでいる。私はこれを殺さねばならない」

そう言ってミチバシリを殺した。そして「死んだものを食べることは間違ったことではない」と言って、それを食べた。

それから猫は言った。

「とびはねるものよ、君は糞をこの僧院に落として汚している。私は君を殺さねばならない」

すると、野ウサギは言った。

「よろしい。私を殺すことは、高徳であり善行だ。私はまず小跳躍、次に大跳躍というふうに二回とびはねなければならない。その後で私を殺すなら、間違ったことではない」

「よろしい。とびはねなさい」と猫は言った。

そこで野ウサギは洞窟の周りを回りながら、「そら、小跳躍!」と言った。次に、猫の頭を飛びこえ、走っていきながら言った。「ほら、大跳躍だ」

そして逃げ去った。

（難波）

10　雄鶏　ロシア

昔々、猫とツグミがいた。それから雄鶏もいた。猫とツグミが薪とりに出かけ、家には雄鶏を残していった。そして、

「しっかり閉めて窓を開けるんじゃない。狐がきても窓も戸もしっかり閉めておくんだ。狐がおまえに甘いことといっても顔を出すんじゃないよ。のぞいたら最後、食われちまうから」

猫とツグミは薪とりに出かけていった。すると狐がやってきて、

雄鶏さん、雄鶏さん、金色とさか、窓からのぞいてごらん、
おまえにエンドウ豆あげるよ、穀粒あげるよ。
若い子たちがそり遊び、クルミをまいた、
雌鶏たちがついばんで、雄鶏にはやらないよ。

つい雄鶏は窓からのぞき、狐はそいつをつかんで森へとさらっていった。雄鶏は叫びたてた。

「猫にツグミ、狐がさらっていくよ、暗い森の向こう、急な流れの川むこう！」

猫とツグミは雄鶏の叫びをききつけた。かけつけてきて、雄鶏を取りかえした。そして、

「なんだって窓から顔を出したんだ？」

「狐がクルミと穀粒でくどいたんだもん」

朝になると猫とツグミはまた、

「今度こそ窓から顔を出すんじゃないよ。今日は遠くへ行くから狐がおまえをさらって食っちゃっても聞こえないからな」

猫とツグミは薪とりに出かけていった。雄鶏はまたも一人で残された。するとまたもや狐がやってきた。

雄鶏さん、雄鶏さん、金色とさか、窓からのぞいてごらん、
おまえにエンドウ豆あげるよ、穀粒あげるよ。
若い子たちがそり遊び、クルミをまいた、

雌鶏たちがついばんで、雄鶏にはやらないよ。

雄鶏は窓から顔を出し、狐がそいつをつかんで森へとさらっていった。雄鶏は叫びたて、

「猫にツグミ、狐がさらっていくよ、暗い森のむこう、急な流れの川むこう！」猫とツグミは雄鶏の叫び声を聞きつけることができた。かけつけて、雄鶏を奪いかえした。

「なんだっておまえは窓から顔を出すんだ？」

「狐がクルミと穀粒でくどいたんだもん」

朝になると猫とツグミは、

「今日こそ窓から顔を出すんじゃないぞ、いくら狐がくどいてもな。今日はうんと遠くへ行くから、狐がおまえをさらってって食っても聞こえないんだから」

そういって薪とりに出かけていった、猫とツグミはね。雄鶏がまた一人残されると、またまた狐が叫びたてた。

雄鶏さん、雄鶏さん、金色とさか、窓からのぞいてごらん、

おまえにエンドウ豆あげるよ、穀粒あげるよ。

若い子たちがそり遊び、クルミをまいた、
　雌鶏たちがついばんで、雄鶏にはやらないよ。

雄鶏ときたら、顔を出してしまった。そこで狐はとっつかまえてさらっていった。雄鶏もまた叫びたてたが、猫とツグミの耳には届かなかった。さて、狐はうちにもどると物置小屋へいって袋の中に隠した、雄鶏をね。ところでこの狐は母狐だった。娘が三人いたのだ。

さて、猫とツグミがもどってくると、うちには誰もいなくて、窓も閉まっている。そこで雄鶏探しに出かけ、狐の家にたどりつくと猫とツグミは歌いだした、細くてよくとおる声で、

狐さんには三人の娘さん、
一人目の名はマリューシカ、
二人目の名はサーシェニカ、
三人目はアンヌーシカ。

狐はマリューシカに言った。

「聞いておいで、どこで誰がこんなにすてきに歌ってるのかしら」

マリューシカが昇り口に出てきたとたん、猫とツグミが鎌で首を切りおとした。そこで狐は二人目を送り出した。

「マリューシカったらなんでこんな長いこと聞いてるのかしらん?」

二人目が出てくるとこの首も切りおとした。

そこで三人目を送った。

「なんだってぐずぐずしてるのかしら? すてきに聞こえるから?」

ということで三人目も首を切られた。

そこで母狐が出てきて、これも首を切られてしまった。

猫とツグミは小屋に入ってすっかり見てまわったけれど、雄鶏はみつからない。そこで納屋の方へ行くと、雄鶏が歌った。

「狐がさらうよ、暗い森の向こう、急な流れの川むこう、袋の中にしばったよ!」

猫とツグミは声のするところへ行き、雄鶏をつれかえると、けっこうに暮らしはじめた。

AT61B（渡辺節子）

11　猫どんとネズミどん

ドイツ

あるとき、猫とネズミが散歩してたっけ
猫がネズミのしっぽを食いちぎっちゃったの
それで、ネズミが猫にいったさ
「ぼくのしっぽを返しておくれ」
そしたら、猫がネズミにいうのさ
「チーズを持ってきてくれたらな」
しかたがない。ネズミは給仕のところへ行って、たのんださ
給仕さん、ぼくにチーズをおくれ！　チーズは猫どんに
そしたら猫どん、ぼくにしっぽを返してくれるって
そしたら給仕がいうのさ
「ナイフを持ってきてくれたらな」

しかたがない。ネズミは鍛冶屋のところへ行ってたのんださ
鍛冶屋さん、ぼくにナイフをおくれ！　ナイフは給仕さんに
そしたら給仕さんはぼくにチーズを。チーズは猫どんに
そしたら猫どん、ぼくにしっぽを返してくれるって

そしたら鍛冶屋がいうのさ
「角を持ってきてくれたらな」
しかたがない。ネズミはヤギのところへ行ってたのんださ
ヤギどん、ぼくに角をおくれ！　角は鍛冶屋さんに
そしたら鍛冶屋さんはぼくにナイフを。ナイフは給仕さんに
そしたら給仕さんはぼくにチーズを。チーズは猫どんに
そしたら猫どん、ぼくにしっぽを返してくれるって

そしたらヤギがいうのさ
「干し草を持ってきてくれたらな」
しかたがない。ネズミは草刈り人のところへ行ってたのんださ

草刈り人さん、ぼくに干し草をおくれ！　干し草はヤギどんに
そしたらヤギどんはぼくに角を。角は鍛冶屋さんに
そしたら鍛冶屋さんはぼくにナイフを。ナイフは給仕さんに
そしたら給仕さんはぼくにチーズを。チーズは猫どんに
そしたら猫どん、ぼくにしっぽを返してくれるって

そしたら、草刈り人がいうのさ
「スープを持ってきてくれたらな」
しかたがない。ネズミは女中のところへ行ってたのんださ
女中さん、ぼくにスープをおくれ！　スープは草刈り人さんに
そしたら草刈り人さんはぼくに干し草を。干し草をヤギどんに
そしたらヤギどんはぼくに角を。角は鍛冶屋さんに
そしたら鍛冶屋さんはぼくにナイフを。ナイフは給仕さんに
そしたら給仕さんはぼくにチーズを。チーズは猫どんに
そしたら猫どん、ぼくにしっぽを返してくれるって

そしたら、女中がいうのさ
「クリストフさんを連れてきてくれたらね」
しかたがない。ネズミは靴屋へ行ってたのんださ。
靴屋さん、ぼくにクリストフをおくれ！　クリストフは女中さんに
そしたら女中さんはぼくにスープを。スープは草刈り人さんに
そしたら草刈り人さんはぼくに干し草を。干し草はヤギどんに
そしたらヤギどんはぼくに角を。角は鍛冶屋さんに
そしたら鍛冶屋さんはぼくにナイフを。ナイフは給仕さんに
そしたら給仕さんはぼくにチーズを。チーズは猫どんに
そしたら猫どん、ぼくにしっぽを返してくれるって

そしたら、靴屋がいうのさ
「ブラシを持ってきてくれたらね」
しかたがない。ネズミは豚のところへ行ってたのんださ
豚どん、ぼくにブラシをおくれ！　ブラシは靴屋さんに
そしたら靴屋さんはぼくにクリストフを。クリストフは女中さんに

そしたら女中さんはぼくにスープを。スープは草刈り人さんに
そしたら草刈り人さんはぼくに干し草を。干し草はヤギどんに
そしたらヤギどんはぼくに角を。角は鍛冶屋さんに
そしたら鍛冶屋さんはぼくにナイフを。ナイフは給仕さんに
そしたら給仕さんはぼくにチーズを。チーズは猫どんに
そしたら猫どん、ぼくにしっぽを返してくれるって

そしたら、豚がいうのさ
「ぬかを持ってきてくれたらね」
しかたがない。ネズミは粉屋のところへ行ってたのんださ
粉屋さん、ぼくにぬかをおくれ！　ぬかは豚どんに
そしたら豚どんはぼくにブラシを。ブラシは靴屋さんに
そしたら靴屋さんはぼくにクリストフを。クリストフは女中さんに
そしたら女中さんはぼくにスープを。スープは草刈り人さんに
そしたら草刈り人さんはぼくに干し草を。干し草はヤギどんに
そしたらヤギどんはぼくに角を。角は鍛冶屋さんに

そしたら鍛冶屋さんはぼくにナイフを。ナイフは給仕さんに
そしたら給仕さんはぼくにチーズを。チーズは猫どんに
そしたら猫どん、ぼくにしっぽを返してくれるって

そしたら、粉屋はいうのさ
「水を持ってきてくれたらね」
しかたがない。ネズミは小川へ行って水をたっぷりくんだって
そしたらドボンと落っこちて、おぼれて死んじゃった。

（星野）

12　猫が獣たちを負かしたこと

ラトビア

ある男のところに年とって怠け者になった猫がいた。ネズミの方にはちらとも目をやらないし、ただもう、昼でも夜でも寝床でごろんごろんするばかり。主人は腹をたて、犬をけしかけて追い出してしまった。ところでこれは冬のことだったから、年寄り猫はすっかり凍えてしまった。食べるものもないし、森を歩いては、泣いた。

「パンもないよ、うちもないよ、ミャーウ、ミャーウ！」

すると耳の遠い、白髪の年寄り猟師がやってきた。

「何がないんだい、猫ちゃん」

「パンもないよ、うちもないよ、ミャウ、ミャウ！」

年寄り猟師は自分も楽な暮らしじゃなかったが、猫がかわいそうになった。

「うちへきな。うちにもパンはないが、頭の上には屋根がある。あったか寝床もあるぞ」

寝床と聞いて猫は喜んだ。狩りのお手伝いもします、と約束した。

ということで、二人して毎日狩りに出るようになったが、でも年寄り同士じゃなかなかいいことはない。それでもある日、うまいことといった、鹿を仕留めたのだ。獲物を運ぶのに猟師は馬をとりに家にもどり、年寄り猫は見張りに残って、鹿の背中に乗ると血をなめていた。と、どこからか、狼に狐、熊にウサギがあらわれた。死んでる鹿とその背中に乗って血をなめている猫を見て、ぞっとして凍りついたが、まずウサギが我に返って熊にささやいた。

「こんなおっきい鹿を倒したとすりゃ、おそらく獣の中で一番のお偉いさんですよ。ほら見て、血がお気に入りだ。あたしらもご機嫌とっとかなくちゃ」

自分が一番賢いつもりの狐もはっと気づいて、ウサギに腹立たしげに目をやると、

「私だってそう言おうと思ってたのよ。でもびっくりしちゃったもんだから。すぐ仕事にかかりましょ！」

すぐさま鴨とりに走った。ちょうど鴨を雪遊びに出す時期だったから。熊もまた夏の間、一本の木にある蜂の巣に目をつけていた。蜂に刺されるのはこわいけど、こんなことになったとなりゃ、恐ろしい獣のご機嫌とりしなくちゃ。狼も樵《きこり》たちが焚き火のそばに飯盒《はんごう》を残していったのを知っていて、それを取りに走った。ウサギは残って焚き火おこしだ。

まもなく猫はよい匂いに気づいた。そこで立ち上がるとくんくんしながらまっすぐ飯盒の方へむかった。枯れ枝の束にひそんでいた狼はついうれしくなって尻尾をぴん、とふった。と、枯れ枝がカサッ。猫はネズミだ、と思った。久しくネズミを食べていなかったから、飯盒のことは忘れてしまい、狼の尻尾に爪をたてた。狼はびっくりぎょうてん、一目散。でももっと驚いたのは猫だ。生まれてこのかた、こんな恐ろしいネズミなんて見たことない。恐怖のあまりトウヒの木の、それも木にのっていた熊にとびついた。熊は気を失い、ころころと丸まって転がり落ちた。狐とウサギは熊と狼のありさまを見るや、すっとんで消えてしまった。ということで猫は獣たちを負かしたとさ。

AT103（渡辺節子）

13 猫と仲間たち　フランス

ある日、ある男が五匹の猫を農家にもらい受けに行った。家に連れ帰る途中で、そのうちの一匹が逃げてしまい、捕まえることができなかった。しばらく走ったあと、猫は雄鶏に出会った。「一緒に来るかい」と猫は雄鶏にたずねた。「喜んで」と雄鶏が答えた。二匹は一緒に旅をした。

まもなく犬と出会った。「一緒に来るかい」と猫が犬にたずねた。「喜んで」と犬が言った。もっと行くと、羊がいた。猫が一緒に来ないかとさそい、羊はそうすることにした。もうちょっと行くと、雄ヤギが仲間に入り、最後にロバが仲間に加わった。

夜になると、仲間たちは森にやってきた。「誰が一番先にあの大きな木のところに行き着けるかやってみよう」と猫が言った。みんないっせいに走り出したが、一番早かったのは猫で、木に登った。四方を見わたすと、仲間たちに言った。「むこうに灯りが見える。ここからはかなりあるよ。足をしっかり使わないといけないよ」そこで、仲間たちは出発し、泥棒たちの住む家の近くまでやって来た。

「さて、こうしようじゃないか」と猫が言った。「ロバはここ、窓の下に来ておくれ。雄ヤギがロバの上に、羊が雄ヤギの上に、犬が羊の上に、雄鶏が犬の上に乗ってね、みんなで窓から飛びこもうよ」

すぐそのとおり実行に移された。猫が窓から飛びこむと、仲間たちがみな、ものすごい音を立てながら、中に飛びこんでいった。眠っていた泥棒たちは、はっとして目を覚まし、「なにがあったんだろう」と言いあった。「おれが起きて様子を見てこよう」と一人が言った。

その間に、猫は暖炉の灰の中で丸くなった。雄鶏は手桶の中に入り、犬はパン櫃《びつ》の中、羊はドアの後ろ、雄ヤギはベッドの中、ロバはドアの前の堆肥の上に落ち着いた。寝床から起きた泥棒は、マッチをつけようと、暖炉に近づいた。猫が手をひっかいた。水を取りに手桶のところに走ると、雄鶏がくちばしでつっついた。ドアの後ろにほうきを取りに行くと、羊が足蹴りをおみまいした。こわくて熱が出たので、ベッドの中にもぐりこもうとすると、雄ヤギが両の角で、腹をつっついた。パン櫃を開けると、犬が手にかみついた。ドアの前に来ると、ロバが背中にとっておきの足蹴りを食らわせた。その後動物たちは家を出ていった。

翌朝、こんなひどい目にあわされた泥棒が、森を通りながら、仲間たちに体験談を語って聞かせた。

「暖炉に近づくとな、炭焼きに手をひっかかれたんだ。手桶の水を取りに行くと、靴直しが革通し錐《きり》でおれをついたんだ。ドアの後ろに行くと、大工がいて、槌《つち》でおれをなぐるんだ。寝床にもぐりこむと悪魔がいて、おれの腹に思いっきり頭突きを食らわせやがった。パン櫃を開けるとパン屋がいて、固い革手袋でおれの手をつかむんだ。最後にドアの前に行くと、大きな熊がいて、おれの背中をぼいんとなぐりつけたんだ」

泥棒は仲間たちにこう話したのさ。わしはやつらの後ろを歩いていて、すぐ家にもどったよ。

ATU130（桜井）

14 猫の仕返し

ラトビア

ある家に長年暮らした年寄り猫がいた。一年一年、弱っていって、寒くなるころにはいつも寝床にいて小さくミャアとなくばかりだ。ネズミもクマネズミも猫をこわがることもない。主人は若い猫を連れてきて元の猫を追い出した。追い出されたからにゃ、出ていかなくちゃ。が、猫は主人に仕返しすることにした。若い猫にいった。
「おまえはおれの主人から逃げてしまえ、おれはクマネズミをこの家にけしかけるから」

若い猫は承知して前いたとこへ逃げてしまった。元の猫も家ではなくて庭中歩きまわり、クマネズミが主人のものを食いつくすようにしむけた。

ということでクマネズミは朝ごとに群をなして庭をかけめぐり、手当たりしだいに食いちらかした。そうなったとこで男は元の猫に悪いことをしたとさとったが、遅かった。二日後にはクマネズミは男のものをきれいさっぱりと片づけてしまった。男はあたりじゅう、年寄り猫をさがし歩いた。始めのうち、猫はもどろうとしなかったが、それでもともかくもどった。すると若い猫も帰ってきて、そうなるとネズミもクマネズミも颪にふっとばされたみたい。猫たちはけっこうに暮らし、主人も決してひどいことをしたり、家から追い出すこともしなかった。

（渡辺節子）

15 猫とワシと豚

ラトビア

猫とワシと豚が同じ樫《かし》の木に住みついた。豚は木の根元に、猫は木のうろに、ワシは木のてっぺんに。ところが猫がお隣さんを食い物にしてやろうという気になった。ワシのところへよじ登っていくと、

「お隣さん、あんたはなんにも知らないでいるけどね、豚があんたに腹をたててるよ。断りもなしにこの木に住みついたろ？　あんたの巣をこわして雛《ひな》を殺さなきゃ気がすまん、てさ。ほれ、四方から根を掘り返してるだろ、木が早く倒れるようにってさ。あんたもそうしたほうがいい。風のひと吹きで木が倒れりゃ豚は雛を食うからね」

それを思ったら体がふるえちゃって、子どもから一歩も離れられなくなったよ。あんたもそうしたほうがいい。

ワシは猫の嘘を信じて、おびえた。風がそよっとしただけでも木が倒れるかと思った。

ワシをじゅうぶんおどしつけてから、猫は豚をおどしにかかった。

「豚さん、知ってるかい、大変なことになってるよ！　木のてっぺんに悪いワシが住

みついてあんたの子豚を食おうとねらってるんだ。あんたが出かけりゃすぐさま子豚はワシの爪にかかっちゃうよ。私だったら決して子どもだけにしないし、あんたにもそうすすめるね」

豚はぞっとして身ぶるい、どうやって子どもを助けるか、そればっかり。豚はワシを恐れるし、ワシは豚を恐れて巣にいすわったきり、餌とりにもいかない。それで両方とも飢えて力つきてしまい、雛と子豚もろともに猫のものになってしまったとさ。

（渡辺節子）

16 猫とクマネズミとオコジョ

ラトビア

ある時、穀物の乾燥小屋でオコジョがクマネズミを捕まえ、はぐっと食ってしまった、塩もパンもなしにね。ところが！　こいつは猫がねらっていたネズミだったんだ。オコジョは猫の前を横切ってしまったってわけだ。猫が思うに、「オコジョを食うとしよう、そうすりゃクマネズミもおれの一つ腹の中」そうしてオコジョの首っ玉をがぶり。

さて、猫は両方いっぺんに食べたのかな、違うのかな？

（渡辺節子）

17 五匹の猫　ラトビア

冬のこと、五匹の猫が森へ木を切りに出かけた。長いこと切っていたが、切り倒せなくて、尻尾をくるんと巻きあげると、家にもどってきた。家に入ってみれば、薪がない。五匹の猫はまたもや森へいってそれぞれ一本づつの薪を持ちかえった。この薪は短すぎ、これは長すぎ、三本目は短すぎずに、長すぎでもない。やっとのことで猫たちは火をおこし、お粥を煮た。お粥が煮えるとがつがつ食べた。腹一杯食べるとごろんと横になった。

では見に行ってみようね。五匹の猫は今でも眠っているのかな?

（渡辺節子）

18　ピューマと竜巻

セネカ（アメリカ）

セネカ村でのできごと。

あるとき、村の男たちは遠出の狩りの準備をしていた。その村には、みんなに、気弱でのろまだと思われている若者がいた。みんなが狩りに出かけると知って、自分も連れていってほしいと一人一人に頼んでまわった。けれど、だれも連れていきたがらなかった。

みんなが出ていってしまったあと、若者を気の毒に思った娘が、自分と結婚して二人で狩りに行こうと誘った。

若者もその気になり一緒に出かけ、しばらく行った森の中でキャンプをした。若者は大きな獲物をとれなかったが、リスを一匹撃った。それから鹿が出そうなところにわなをしかけた。

ある朝、若者がわなを調べに出たとき、遠くで泣き声を聞いた。その泣き声がだんだん近づいてきて、二人の小さな男の子を連れた女が現れた。そして泣きながら頼んだ。

「助けてください。私たちは殺されます。私の小さな息子が一枚の羽根を盗んで、細かくちぎってしまったので、そのために私たちは殺されます。あそこの木にとまっているタカを撃ち落として、男がやって来たら、そのタカを投げつけて、これがおまえの羽根だとさけんでほしいのです」

若者はタカを撃った。と、間もなく響きわたる大声と、騒音が聞こえ、木々が倒れはじめた。ひとりの男が現れて、木のそばに立った。その男の顔には巨大な目と長い髪がついていたが、たったそれだけ。大頭だけがあって体がない。若者はその男をめがけてタカを投げつけ、「これがおまえの羽根だ。返してやる」とさけんだ。大頭の男はそれを受けとめて、「ありがとう」と満足げに去った。

助けを求めた女たちは、ピューマと二匹の子どもだったのだが、若者の目には人の親子に見えていた。

女は若者にわけを話した。親子は岩の間に住んでいて、大頭（実は竜巻）は隣人だった。竜巻が留守の間に、息子の一人がその小屋に入って羽根を見つけ、一枚をだめにしてしまった。竜巻が帰ってきて怒り、三人を追いかけた。

女は、若者が貧乏なこと、ほかの者たちが狩りに連れていかないことなどを知っていて言った。

「これからは、ほかの男たちより、もっと獲物をとれるようにしてあげましょう。あなたは私たち三人を助けてくれたのですから」

それからというもの、若者は村の誰よりもたくさんの獲物を捕ってくるようになった。

（新開）

◆コラム◆ インドの昔話の猫たち——猫は虎のおば

南アジアには、虎、ライオン、オオヤマネコ、ベンガルヤマネコ、ユキヒョウなどのネコ科動物が棲んでいる。昔話での登場が多いのは、なんと言っても虎だろう。「猫」はヤマネコのことも、野生化したイエネコもあり、区別がつかないこともある。

昔話でも虎は、ライオンと同様にジャングルの王者であり、人間にとっても他の動物たちにとっても、恐ろしい存在である。とげを抜いてくれた人間に宝物を与えて報いることもあれば、助けてくれた動物を食べようとすることもある。自分を助けてくれた人間を食べようとして、ジャッカルに再び檻《おり》に閉じこめられてしまう話もある。虎は強いが、弱い動物たちが知恵を絞って、その恐ろしい爪から逃れるのは他の地域と同様である。

虎を、強いが単純な動物として語る昔話の中でも、「猫と虎」（第六章6）は、猫と関係づけている点がおもしろい。猫は虎に様々な技を教えるが、木登りだけは教えなかった、というのである。この類話には、猫を虎の母方のおば、もしくは祖母と冗談で呼ぶことが説話化されたものがある。「猫は虎のおば」（ストークス編『インドの民話』大日本絵画）によれば、猫が虎の世話を十分にしなかったので、虎は猫を見ると襲い掛かるようになった、という。虎と猫の類似を親族関係として語り、小さな猫の方が実は上の世代に属し、賢い、とみなしている。虎のおばとされるようなこの猫は、小さなイエネコよりもオオヤマネコをイメージすべきかもしれない。

したがってインドの昔話に登場する猫は、多くは賢いとされるようだ。しかしその知恵をかんばしくない目的に使う猫は多い。たとえば「仏法を守る猫」（第六章9）のように、不殺生《ふせつしょう》の誓いを立てたと言って、動物たちを旅の仲間にしながら、次々に食べてしまう。結局は小動物を食べるのが猫の本性だというよりは、簡単に獲物を手に入れるために猫が狡知を働かせるという話だろう。

「ソロモン王の魔法の指輪」（第四章5）ATU560に登場する賢い猫は、指輪を取りもどす動物たちの中心的なメンバーである。こうした人間に飼われる猫は、昔話でも、常に人間の傍《かたわ》らにいる親しいパートナーの一面と、得たいの知れなさの両面をもっている。その不気味な一面は、王女に飼われた雄猫が、王女を自分のものと思い、魔力を使って王女の結婚を邪魔するという話に見られる。猫と魔法のかかわりで見ると、不実な妻たちが夫に隠れて遊びに行くときに猫に変身する、という例がある。インドの昔話の変身の多くは、自分で魂を別の身体に移動させる場合と、敵対者によって針を刺されることで動物の姿になるという場合が多いのだが、この話の猫への変身では直接猫に変身しており、類例が少ない。

インドでもむかしはイエネコがありふれたものではなかったことは、「王妃になった猫」（第四章2）のように、家庭の奥で猫を大事に飼い、子供のいない女たちが猫を娘として育てる話にも反映している。差し迫った状況とはいえ、身近にいる猫を人間の子供として育てるのは、神からの授かり子として動物を育てるという話よりも、ペットの中に人間性をみてしまう心理が語り手にも共有されているように思える。それにしても、いかに早婚のインドの伝統社会でも、人間の結婚適齢期に達するほど長生きした猫なら、神様の助けなしに化けるかもしれない。（難波）

第七章 腹ペコならなんでもおいしい――猫さまざま

1 がまん強い猫　ラトビア

猫が木の上に鳥の巣を見つけ、考えた。

「巣には卵があるだろうな、卵はうまいぞ、いくつあるか見てみよう」

木に登ってみると、巣の中には卵が二つ。

「いい卵だが、少ないな。ちょっと様子をみるとしよう」

何日かして木に登ってみると、卵は五つになっていた。

「卵でもいいが、雛だともっといいぞ。もうちょい待つとしよう」

一週間、もう一週間がすぎ、猫は木に登ってみた。巣には五羽の雛がいた。

「雛もいいが大きくなった鳥もいい。もう少しおっきくなるのを待つとしよう」

さらに二、三週間がたったところで木に登って見ると……巣は空っぽ。猫はわめいた。

「飛んでっちゃった！　卵でもいい、雛でもいい、もう二度とおっきい鳥なんか待ったりしないぞ！」


（渡辺節子）

2　猫とろうそく　スペイン

一人の司祭が人々に夜の授業をおこなっていた。猫を仕込んで、毎夜子どもたちに授業をしている間、猫がろうそくを持っていた。うまくやったので司祭はそれが奇跡だと自慢していた。

毎夜、司祭が子どもたちに教えている間、暗いし、当時は電灯もなかったので、ろうそくを置いていた。そこで猫が両手両足でろうそくを持って支えていた。毎夜のことだった。

「これは奇跡だ！」

ある夜、生徒の一人がネズミを持って授業にやって来た。司祭は気がつかなかった。生徒は机の上でネズミを放した。

まあ、考えてもごらんなさい。ろうそくはめちゃくちゃになり、司祭は真っ暗闇に取り残された。

ATU217（三原）

3 猫とろうそく

アイルランド

あるところに一匹の猫を飼っている農夫がいた。この猫は毎晩農夫が食事をしている間ずっと、ろうそくを持ってテーブルを照らしていた。農夫はこんな猫を持っていることを自慢して、みんなに言いふらしていた。そしてそのことを疑うものがいると、賭けをしようといった。

ある夜、その家に貧しい学者がやってきた。夕食の時間になると、猫はテーブルの上座に行って、二本の前足でろうそくを持つと、二人の食事が終わるまで、ずっとテーブルを照らしていた。農夫は学者に、今までこんなことをする猫を見たことがあるかきいた。学者は見たことがないと言った。農夫はこの猫は食事中たとえ何を見ても、ろうそくを持ち続けているんだ、うそだと思うなら、賭けをしてもいい、と言った。学者はそんなことはあるまい、と言って農夫と賭けをすることにした。二人は五ポンドずつ賭けた。

しかし学者は、この賭けは自分が旅から帰ってきた時にしようと、賭けの延期を申し出た。農夫は承知した。

　しばらくして旅からもどってきた学者は、箱の中に三匹の生きたネズミを入れて持っていた。

「さあ、今夜こそ、猫を試してみようじゃないか」と学者が言った。

　夕食のごちそうがテーブルに並べられると、猫は上座に来て、前足でろうそくをもち、二人が食べている間、ろうそくで食卓を照らしていた。そのうち、学者は手を後ろにまわして、箱を開けると、ネズミを一匹テーブルの上に逃がした。猫はするどい目つきでネズミを見たが、身動きしなかった。しばらくすると学者はまた同じことをしたが、二度目も猫は足一本震わしもしなかった。しかし、学者が三匹目のネズミを放したとき、猫はろうそくを放り出し、ネズミの後を追いかけていった。

　賭けに勝った学者は農夫にきいた。

「『猫の目から、とつぜん本性が現れる』ということわざを聞いたことはありませんでしたか」

ATU217（渡辺洋子）

4 ガーベルにきた最初の猫　ドイツ

昔、ある商人が袋に一匹の猫を入れてガーベルにやってきた。ガーベルの人々は今までそんな動物のことなどまったく知らなかった。そこで、それはどんなものなのかとたずねた。

「これはネズミ退治の動物です」と商人は答えた。

「そんな動物なら、われわれにぴったりだ」とガーベルの人々はいった。

「いくらするのかね」

おおよそ三百ターラー(1)で、双方満足して折り合った。それは村中かき集めたすべての金だった。村人たちはネズミを一掃するには、村の端っこからはじめるのが一番いいと思った。つまり、猫が村中のネズミ退治をやり遂げるまで、隣から隣へと行くことができるだろう。

ガーベルの人々が、この生き物がなにを食べるのか知らなかったことに気がついたとき、商人はもう立ち去っていた。急いでひとりの男が馬に乗り、商人を追いかけるしかなかった。男が遠くの方に商人を見つけると、そこにむかって大声でさけんだ。

すると商人は答えた。

「ミルク《ミルヒ》とネズミたち《モイゼ》」

遠く離れていたため、馬の上の男にはそれが、ミルク《ミルヒ》と人間たち《メンシェン》というふうに聞こえた。

「人間だって？」

ガーベルの人々はびっくりしてさけぶと、それまで猫をじっとながめていた家から走り出てきた。この野蛮な動物を厄介払いするために、村人たちはみんなの金でその家を焼き払うことを決めた。

しかし、猫は熱さを感じると隣の家に逃げた。ガーベルの人々はその家にも火をつけた。猫が三番目の家に行くと、村人はそこにも火をつけた。このようにして、村中が灰になった。

（杉本）

（1）　十六〜十八世紀に通用したドイツの銀貨。

5　なぜウサギの耳は長く尾は短いのか?

マー（ベトナム）

ある森に、凶暴な虎と猪がいた。虎は鋭い爪にまかせ、猪は長い牙にまかせ、みんなをおどかしていた。動物たちはみな、この凶暴な二匹のせいで安心して暮らせなかった。

動物たちは連れだってウサギの家に行って虎と猪を殺す方法を話しあった。動物たちは考え続けたが、なかなかいい案を見つけられないでいた。突然ウサギが大声をあげた。

「いいことを思いついたぞ」

動物たちがウサギの周りに集まるとウサギはささやいた。みんなはウサギの知恵に感心して、その案を実行することにした。

翌朝、ウサギは雑木林の中で虎を見つけた。こっそり虎に言った。

「虎さん。猪のやつがいつもあなたの悪口を言ってばかにしてますよ。それでもいいんですか?」

虎はそれを聞くと怒ってほえた。

「何だと！　猪のやつが生意気にも悪口を言ってわしをばかにしている？　やつは何と言っているんだ？」

ウサギは嘘をついた。

「口が大きく、歯が大きく、顔も大きいくせに臆病で、豚やヤギの群れを捕らえ、ただいばっているだけだって。だから、もしあなたに会ったら、あなたのお腹を刺して穴を開けてやると」

ウサギは虎と別れると、今度は近道を走って猪に会った。猪は深い洞穴の中で寝ていた。ウサギは猪をゆり起こし、震え上がっているふりをして言った。

「猪さん！　急いで逃げて！　虎のやつがあなたを食べようと探しているよ。やつはあなたの首にかみついてやるって言ってます。なんでも小麦やトウモロコシを荒らしたからだって」

猪は鳴きさけび怒りだした。ウサギはさらにつけ加えた。

「虎のやつは首にかみついて、あなたが臆病なのを証明してやるって」

言われた猪は頭に血がのぼり、何にも言わずにまっすぐ虎をさがしに行った。

出会った二頭の凶暴な動物は、互いにとてもひどくののしりあった。虎は猪に、おまえたちは飢え死にすべきだと言い、猪は虎におまえたちは肉を食う鬼だとののしった。いつもはわがもの顔で歩きまわっていた二頭も、今は不安だった。そこで、七日後に力比べしようと約束した。

その間、虎は体をきたえようとカヤの丘で体当たりした。カヤの丘は虎につっこまれて葉が落ちた。虎は今度会った時は必ず猪の肉を食ってやると心に誓っていた。一方、猪もまた、七日間ずっと泥の中に身を投げ泥を体中に塗りたくった。猪は虎の牙をへし折り、腹を刺して腸を引きずりだし、虎に二度とほらを吹けなくさせてやろうと思っていた。

約束の日になり、虎と猪は川沿いの荒地で会った。互いに一言もかわさなかった。沈黙したまま突き進みかみつきあった。ウサギは倒れた松の木の幹に座って、死にもの狂いで戦っている二頭をはやしたててさらにけしかけた。

虎と猪は真っ暗になるまで戦い、さらにその次の日も戦った。虎は何度も猪の体に食いついたせいで、歯が全部折れてしまった。猪の体もまた傷跡でいっぱいだった。二頭とも、血をだらだらと流し、怒りと痛みでほえた。森の動物たちはみな静かに戦いのなりゆきを見守っていた。ただウサギはあおり続け、二頭を怒らせてはもっと力をふりしぼらせた。

三日目になり、猪は一本の足がきかなくなり、虎は片目を失った。二頭はよろめきながら最後の突撃をした。そしてともに倒れて川に落ちた。水中に沈み、泳いで岸にたどり着く力さえも残っていなかった。

動物たちがみな、川にやって来て凶暴な二頭の死骸を見ている時に、ウサギはふと自分の尾が松脂《まつやに》で松の木の幹にくっついていることに気がついた。立ち上がり強くひっぱったが取れなかった。ウサギはあきらめて座って考えに考え、一つの計略を思いついた。ウサギは森に住む象が通るのを待ち、ものすごく大声でわめいた。

「止まれ！　ここは私の川だ。川に行くには私の許しが必要だぞ」

象はあっけにとられて立ち止まった。

「身のほど知らずにもいたずら者のウサギが大きな象を脅迫するとは！」象は進み続けた。

ウサギはまたどなった。

「止まれ！　ここは私の川だ。川に行く者はみな私の許しがいるんだ。もし勝手に行くならおまえの肉を食べてしまうぞ」

いらだった象は、止まってウサギの耳をつかむと、持ち上げて近くに投げ捨てた。ものすごい痛みだったが、災難から逃れられたウサギは喜び、必死に森に走った。

その時象につかまれたのでウサギの耳は長くなり、尾は松の木の幹にくっついてちぎれてしまったので、尻に残ったほうは短いのである。（本多）

6 虎の毛皮

韓国

きこりが春の山に木を切りに行って四方をみまわすと、草木に水がみちてつやつやしていた。きこりは、草木にこんなに水があがるのだから動物だって同じだろうと思った。

岩の下に大きな虎が、春のけだるさに勝てずに眠りこけていた。これにも水があがれば、はだかで毛皮から抜け落ちるかと思って、ぬき足さし足で虎に近づくと、爪の先で虎の鼻筋をカリカリとひっかき、切れ目をいれておいて、尻尾をひっぱって「こいつ！」と大声を出した。

すっかり寝こんでいた虎は、大声に驚いてガバッとはねおきた。虎は、鼻筋からまるはだかでとびだし、毛皮だけがのこったそうだ。（辻井）

7 手紙が来た　韓国

むかし、おなかをすかせた虎が一頭、なにか食べものはないかと、夜にのそりのそりと山からおりてきた。ある村に入ると、一軒の家で子どもが泣きわめいていた。おかあさんが泣きやめさせようと「蛇が来たよ」といっても子どもは泣きやまなかった。そのつぎに「虎が来たよ」といったがまだ泣いていた。そこでおかあさんが「手紙が来たよ」というと、子どもはぴたっと泣きやんだ。虎は外で聞いていて、子どもが「虎が来た」といっても泣きやまなかったのに、「手紙が来た」といったらぴたりと泣きやんだところをみると、手紙というのは自分よりずっとおそろしいものにちがいない、手紙につかまったらたいへんだと思い、こっそり牛小屋に入ってかくれた。

ちょうどそのとき、牛どろぼうが牛を盗みに入って、まっくらな中を手さぐりで牛のいるところへ近づいていた。手につかまったものがあったので「よーし、牛だ！」と背中に乗っておしりをポンとたたいた。虎は「わっ！　手紙が背中に乗った。たいへんだ」とその手紙を振り落とそうと、おもいきり早く走りだした。牛どろぼうは、振り落とされないようにさらにしっかりとつかまった。

一晩中かけまわって夜が明けて見ると、牛どろぼうが乗っているのは牛ではなく虎だったのでびっくりぎょうてん「これはたいへんだ」とおりようとした。ちょうど横に背の高いケヤキの木があったので、枝をつかんで虎の背中からとびおり、木の洞《うろ》にかくれた。

虎は落ちた「手紙」にまたつかまらないように、遠くへ逃げようと力いっぱい走った。とちゅうでウサギに出会った。ウサギは虎が走っているのをみて聞いた。

「おじさん、おじさん、どうしてそんなに急いでいるの？」

「いや、話も何も。ゆうべ手紙につかまって死ぬところだった。今やっと振り落としたから、またつかまったらたいへんと思って遠くへいくところだ」と虎はいった。

ウサギは手紙とはいったいどういうものなのか知りたくなって、占いをしてみた。すると、人間だという卦《け》が出た。

「おじさん、それはべつに恐ろしいものではありません。人間ですよ。そんなことで逃げてきたんですか。いっしょに行ってつかまえて食べましょう」とウサギはいったが、虎はいうことをきかなかった。

ちょうどそこへノロジカがきた。二匹のいうことを聞いてノロジカも占いをしたがやはり「人間だ」と出た。ノロジカも「手紙は恐ろしいものではない。弱い人間だから、いっしょに行ってつかまえて食べよう」といった。虎はそれを聞いて、人間なのかそうでないのか確かめてみたくなり、三匹でケヤキの木の下へ行った。

牛どろぼうは、木の洞に隠れていたので、つかまえられなかった。ノロジカは、ケヤキにのぼってくぼみをふさいだ。虎とウサギは、ケヤキの根元の土を掘りおこしはじめた。ウサギと虎がやたらと根元を掘ったので、ケヤキは倒れた。

「やあ、これはたいへんだ。どうしたら助かるだろうか」と牛どろぼうが上を見上げると、洞の入り口をふさいでいるノロジカの睾丸《こうがん》がぶらぶらしていた。

牛どろぼうは、ふところから髷《サントウ》(1)のひもをつかみだしてノロジカの睾丸をしばり、力いっぱいひっぱった。ノロジカは「アイゴー、助けてくれ、アイゴー、助けてくれ」とわめきたてた。虎はそれをみて「そらみろ、わしがいったとおりだ。手紙がどんなに恐ろしいかおまえは知らないんだ」といってウサギといっしょに走りだした。ノロジカは、睾丸をひっぱられたために死んでしまった。牛どろぼうは、牛のかわりにノロジカを手に入れた。

(辻井)

(1) 結婚したり、冠礼を行った男が結い上げた髷《まげ》。高句麗の古墳壁画にも残るほど起源は古いが、一八九五年、断髪令が出されて消滅した。結婚前の髪型は、男女とも三つ編みのお下げを背中に垂らす。女性も結婚すると髪型が変わる。

8 二匹の猫と猿

モロッコ

ある日、二匹の猫が倉庫へ行って、そこからチーズを盗んだ。それをどのように分配するか、話がつかなかったので、釣りあいということをよく知っており、公平で誰の味方もしないという評判の猿のところに行くことにした。

二匹の猫は猿のところに行って、事情を話し、チーズを、平等に二つに分けてもらおうと猿に渡した。そうすればどちらの猫も多く取ることはないだろうと思ったからである。

チーズが大好きな猿はチーズを二つに割ったが、同じ重さではないと思った。そこで秤《はかり》にかけると、やはり同じではなかった。

そこで、同じ量にするために、多い方をがぶっとかみ取った。しかしわざと多めにかみ取った。そしてかんだチーズは食べてしまった。

再び両方を秤にかけると今度は反対になった。最初重かった方が今度は軽くなった。猿は前と同じことをくりかえした。

このようにチーズをかじっているうちに、ついにはみんな食べてしまい、猫たちには何も残らなかったそうだ。そこで猫たちは「私たちがうまく話し合っていれば、チーズが少しも残らないようなことにはならなかったのに」と言いながら帰っていった。

（三原）

9　ライオンと山猫

モザンビーク

ライオンと山猫は親友だった。ある日山猫は子ウサギが食べたくなった。自分で探しに行くのがいやだったので、友だちに言った。

「子ウサギを見つけてきておくれよ。一緒に食べよう」

いい友だちだったライオンはすぐに子ウサギを探しに出かけた。

さんざん探して子ウサギを何匹か見つけた。ヤシの葉で籠を作って、その中に子ウサギをいれ、家にむかった。

帰り道でウサギに出会い、ライオンは籠を運んでくれるよう頼んだ。ウサギは親切心から願いをきいて籠をかついだ。

すぐに狐が現れた。ライオンに気づくと急いであいさつした。

「こんにちは、ライオンさん」

「こんにちは」とライオンが答えた。

二人は話を始め、その中でライオンがこう言った。

「前を歩いているウサギが籠をかついでいるだろう。あいつはその中身を知らないのさ」

ウサギはこの会話を耳にはさみ、ひとり言を言った。

「なんてやつだ！　中身を確かめなくては。そして見たことを悟られてはいけないぞ」

そして思ったとおりに行動した。

ライオンと狐がおしゃべりに夢中になっている間に、ウサギは籠の中身を見るために道をそれた。

籠を開けて中身を確かめた。ウサギはぞっとして、同時にうれしくて飛びあがった。籠の中にいたのはウサギの息子たちだったのだ。籠から出すと抱きしめて、隠した。息子たちの隠し場所の近くにミツバチの巣があった。ミツバチを見て笑い、つぶやいた。

「息子たちを殺そうとしたならず者め、見ていろよ。おまえらが気づかぬうちに戦いを挑んで、復讐してやる」

注意してミツバチを籠につめると、急いで道にいるライオンと狐の前にもどった。二匹はまださかんにしゃべっていた。二匹に見られなかったと知るとウサギは安心してにんまりした。

話を終えると狐は去り、ライオンはウサギの後を進んだ。

午後に山猫の家に着いた。ライオンは籠に子ウサギがいると思っていたので、ウサギに籠を持って家に入るように頼んだ。けれどウサギは家に入ろうとしなかった。ライオンは家に入るやいなやドアを閉め、山猫を呼んでこう言った。

「相棒！　子ウサギだぞ！　さあ、料理しよう」

ライオンは子ウサギを出して山猫に渡すつもりで籠を開けた。しかし、子ウサギのかわりに出てきたのはミツバチで、籠から飛びだすと家の中を飛びまわった。ライオンと山猫はたちまち刺された。山猫はこれがライオンの悪ふざけだと思ってかんかんになった。

ウサギはこの結果に大笑いしながら、外からこう言った。

「勝負はおれの勝ちさ。ミツバチと仲よくしな。おれは帰る」

ミツバチに刺された痛みで怒り狂いながらライオンがほえた。

「子ウサギはどこだ？」

「子ウサギたちは原っぱにいるよ。恥知らずのあんたが友だちと食べようとしていたのは、おれの息子たちだ」

頭にきたライオンはドアを開け、ウサギを一発なぐってやろうと探したが、ウサギはもう逃げていた。

ライオンの後ろにはかんかんになった山猫がいた。ミツバチに刺された痛みにたえきれず、ライオンにうなった。

「おれをだましたな。ここから出ていけ。おれたちの友情はもうおしまいだ」

そしてミツバチに追われながら、二匹は別々の方向に逃げていった。

（紺野）

10　猫とゴム　ブラジル

腸が盆に広げて日に干されていた。猫がその中のゴムのチューブを盗んだ。腸の中の一番おいしいところを奪い取ったつもりだった。走りに走り、よじ登りによじ登り、静かな瓦屋根の端っこにちょこんとすわり、獲物を味わおうとした。

ところが、この盗品には驚かされた。かじっても、かんでも、またかんでもこの腸は少しもかみ切れず、歯に反発してくるのだ。歯ぎしりして下あごの圧力を二倍にしても全く傷がつかない。このおかしな物に、猫はもっと力をこめ、自信を持って食いついた。

もうすっかり食事をする意欲も失せて、このどうしようもないごちそうを捨てようとしたその時、ほかの猫が屋根の縁から現れた。どうやら栄養のあるものを味見しているようだと思って、その猫は興味深げにきいた。

「あんた、何を食べているんだい？」

「世界で一番うまいものだよ、兄弟」

（紺野）

11　猫の優雅さ　ブラジル

若いネズミが年老いたネズミにこう言った。

「猫は美しい動物ですね。その体の動きや動作の優雅さにはほれぼれしますよ」

「そうかもしれん！　じゃが、その優雅さはネズミの命を犠牲にして得たものだと忘れるでないぞ！」


（紺野）

12 腹ペコならなんでもおいしい　ブラジル

その猫はみんなのお気に入りで、甘やかされ、めずらしい宝物のように大事にされていた。その上品なお口に合う特別な食事だけを食べていた。上等な食べものと、金持ち一家の優しさと注目をあたりまえとしてきた。

ある日、家族が旅行に出たのだが、出発の時に猫が見つからなかったので連れていけなかった。猫がもどったら家の中は空っぽで、いつも猫をかわいがってくれる人たちは誰もいなかった。

食べるものを探したが、人気のない台所には何もなかった。腹ペコのまま家の周囲を歩いた。生きるための戦いに慣れたほかの猫たちは、貴族的でお高くとまったこの猫を追い払った。

お腹がすいて気が狂いそうになって猫は家にもどった。鼻をひくひくさせながら台所に入ったら、目に入ったのは古い鉄の串と木のさじだった。炎で肉をあぶったあと、かまどにつっこんだままになっていたのだ。

猫は脂と肉の香りがしみこんだ木のさじをがりがりかじって食べた。猫は死なずにすんだ。

腹のへった猫はピンだって食べるのさ。

（紺野）

13 教会の白い猫

イタリア

村の司祭さまがいた。お祭りをしようとしたけど、教会をどうやって掃除したらいいか、わからなくて、「どうしよう？　どうしよう？」と困っていた。ところで、村には小さな雌猫がいたんだが、司祭さまはその猫の家へ行ってドアをたたいた。

「教会の掃除を手伝いに来てもらわなくちゃ」

「じゃあ、あすの朝早くに行きますよ」と、猫は答えた。

「いいとも」と司祭さまが答えた。

猫はベッドに行かないで、司祭さまのところへ行って、ドアをたたいた。

司祭さまは、

「どうしたんだ、こんな時間に来て！　ベッドに行く時間じゃないか、今はベッドに行って、あすの朝来てくれ！」

「いいえ、私は今やります」

そこで司祭さまは起きて、ぼろ布と、ほうきと洗剤とバケツを猫にわたした。

猫は教会を掃除に行った。

猫は教会に行くと、祭壇を掃除し、どこもかしこもすっかりきれいにした。その後二ソルドみつけた。

「まあ、どうしましょう。私はお金持ちになったのよ。二ソルドでお金持ちになったんだわ。これでなにが買えるかしら？　パンを一切れ買おうかしら？　でもそれでなくなっちゃうわ。でも肉を買っても食べたらおしまいね」

考えて、考えてとうとう、こう言った。

「それじゃ、卵を買いましょう。白身でオムレツを作ってそれを食べ、そして黄身は口紅にしよう」

この猫は白い猫だった。

そこで猫は家に帰ってオムレツを作って食べ、黄身はコップに入れ、それを持って窓ガラスに向かい、それから、すっかり前足で塗ったので、白と黄色になった。

猫は窓にのぼってから言った。

「結婚したい雌猫がここにいるけど、結婚しようっていう人はだれもいないのかしら？」

そのとき、窓の下を黒猫がとおった。

「ねえ、私と結婚しない？」

「いいとも、結婚しに行こう」

黒猫が上ってくると言った。

「結婚しに行く前に、食べるものが必要だ」そこで、ふたりは食べるものを用意した。それから言った。

「なににする？　肉か、それともコテキーノ[1]を買う？」

「私はコテキーノがいいわ。肉はいつも食べてるもの」

そこで、コテキーノをとり、それを料理して、それから出かけた。結婚を済ませて、家にもどったとき、白い猫は言った。

「あら、どうしよう！　スープのなかに入れるチーズのことを忘れてたわ」

すると、黒猫が言った。

「君がとってこいよ、君の方がはやいから」

「まあ、それじゃあなたがスープをかきまぜていて」

「うん」

そこで、黒猫はこのスープをかきまぜていた。このスープはコテキーノに見えた。

それで小さな足で、それをつかもうとした。やっとつかんで振りはじめた。振って、振って、振って……それはとても重かった。それで鍋の中に落っこちてしまった。

白猫はチーズを持って家にもどってきた。そして、テラスのてっぺんで黒猫を呼んだ。庭の中で、呼んだがいなかった。ベッドを見にいったが、ベッドにはいなかった。そこで言った。

「あの人がお腹すいていないんなら、私が食べちゃうわ。いいわね！」

お鍋をとりに行くと、鍋の中で煮えている黒猫がみえた。

「まあ、なんてこと！　私はコテキーノが食べたいのに。それじゃまずスープを食べて、それからコテキーノを食べて、そのあとであなたを食べるわ」

こうして、白い猫はスープを全部食べ、コテキーノを食べ、それから言った。

「なんていうことでしょう！　あなたはコテキーノを食べるためにチーズをとりに行きたがらなかったのね。それじゃ、私があなたを食べちゃうわ」

それで終り。

（剣持）

（1）　豚や猪の皮に、細かくした肉を詰めたソーセージのようなもの。

14 借金　ラトビア

猫が犬に「三グロシ貸してくれ、返すから」といって借金をした。返す時がきたが、猫は返さないで、犬の方も取り返す手だてがなかった。

猫が今でも返してないものだから、犬は猫をみるたび、返せ返せという。それで人間でもつまらないことで争っている人のことを「猫と犬みたいに三グロシでけんか」と言う。

（渡辺節子）

15 山猫と七面鳥

ナチェズ（アメリカ）

雄の七面鳥がやって来たので山猫はわきへかくれた。そして、まさに飛びかかろうとした時、「待て！」と言って七面鳥は山猫に近づき、こう言った。

「おれの羽根を今ここで全部むしっていいよ。そうしたら、おまえの女房がおれを殺して、料理してくれるだろう。できあがったころ、おまえが帰ってきて、おれを食べるというわけだ」

そして七面鳥はそこへすわりこみ、山猫は羽根をむしった。羽根をなくした七面鳥はこう言って去った。

「さて、おまえが帰るころ、おれはちょうど料理されているだろう」

山猫の家へ行った七面鳥は女房に「おまえの夫はこう言ったんだ。『おまえの羽根をむしらせろ。そして、おれの家へ行け。そうしたら、女房がおまえのために、コールドフラワー（甘い粉とうもろこしの菓子）を作る。それから、女房と寝ろ』とね」

山猫の女房は、すぐに七面鳥のためにコールドフラワーを作った。七面鳥は山猫の女房と寝て、その後、コールドフラワーをしょって立ち去った。

山猫が昼に帰ってきて、「七面鳥は焼きあがっているか？」と聞くと、女房は言った。

「いいえ、あんたが、七面鳥のためにコールドフラワーを作って、わたしと寝ろと言ったんだろ？　だからわたしは、そのとおりにしてやって、あいつは帰っていったわ」

山猫は銃をかついで、「やつはどっちへ行ったんだ？」と女房に聞き、言われた方角へむかった。ほどなくして、たくさんの七面鳥が歩きまわっているのに出会った。その中に、羽根をむしったのが混ざっているはずだと考えた。しかし、その七面鳥はすでに体のあちこちに羽根をはりつけていたのだ。ほかの七面鳥の口へコールドフラワーを入れてまわり、礼にもらう羽根が一枚ずつ増えていったので、それを体中にはりつけた。だから、山猫には見わけがつかなくなったのだ。

殺してやろうと思って、うろうろ追いかけている間に、七面鳥たちはすばやく走り去ったので、捕まえられなかった。山猫は、すごすごと家へ帰った。

（新開）

16　山猫とウサギ

アメリカ

山猫とウサギがいっしょに旅をしていた。

「ウサギ君、おれ、腹がへったよ」と山猫が言った。

「そんなら、ここで待ってて。さっき、七面鳥が歩いているのを見たから、それをとってくる。そして、ぼくが大声を出したら、獲物を持って帰ると思っていいよ。そしたら君は、死んだふりをして横になるんだ。七面鳥を何羽も連れてくる。ぼくが歌をうたうとやつらは踊って君を踏みつける。その時、一羽をつかまえるというわけさ」

とウサギが答えた。

ウサギは出かけ、七面鳥をみつけた。そして七面鳥たちにむかってこう言った。

「いつも君らを食っている山猫が、道で死んで倒れているのを見たぜ。みんなでそこへ行こうじゃないか。そこで、ぼくが歌うから、君たちは山猫を踏んづけて、踊って楽しんだらどうかね」

いい話だとばかり、七面鳥たちは山猫が死んだふりをしているところへ行った。ウサギは歌った。

「頭の赤いのをつかまえろ。大きいのをつかまえろ」

七面鳥が「その歌は気にくわないなー」と言った。

「いいや、これがこのダンスの歌なんだ」と、ウサギが言った瞬間、山猫は飛びかかり、七面鳥たちはパッと散ったが、一羽だけ捕まってしまい、ほかのは逃げていった。

ウサギもどこかへ消えてしまった。


（新開）

17　鉄の子猫

ドイツ

昔、あるところに一人のお百姓さんがいた。お百姓さんは畑をもっていて、その畑には山がそびえていた。春になって畑を耕す時期になったので、お百姓さんは牛を使ってまず平らなところを耕した。それから山にとりかかり、山のまわりをぐるぐる巡りながら、地面に畝《うね》を作った。

あれよあれよと山の半分の高さくらいまで来たときに、何か固い物にあたった。よくよく見てみた。何を地面から掘りだしたって？　それはね、ちっちゃな鉄でできた子猫だった。

「猫があったところの近くに鍵もあるはずだ」とお百姓さんは思った。

はたして、続けて先に畝を作っていくと、鋤にあたって錆だらけのちっちゃな鍵が出てきた。

「でもこの鍵が合うんだろうか？」

お百姓はやってみた。錆びたちっちゃな鍵を錆びたちっちゃな鍵穴に差しこんでみた。

「カチャ」と音がした。そしてふたがいきおいよく開いた。

そしたら、ちっちゃい子猫の中に、ちっちゃいちっちゃいニシンのしっぽが入ってた。

もっとそのしっぽが長ければ、私の話ももっと長かっただろうにね。

（星野）

◆コラム◆　マザーグースの猫

英語の童謡の中にも、身近な動物として猫が登場する詩がいくつかある。「三匹の子猫が手袋なくした」のように、かわいらしい内容で子どもたちに好まれている詩もあれば、「私の子猫ちゃん」と赤ん坊によびかけて、「高い高い」をするときの詩もある。よく知られているものに次のようなものがある。

猫ちゃん、猫ちゃん、どこへ行ってたの／女王さま見にロンドンへ

猫ちゃん、猫ちゃん、何してきたの／椅子の下のネズミをおどかした

この詩から、「猫でも女王を見ることはできる」という、誰にでもそれなりの権利があるということわざができている。詩に出てくる女王はエリザベス一世とイメージされることが多いようだ。ビクトリア女王もこの詩をよく知っていて、「椅子の下に住んでいるネズミをください」という小さな女の子からの伝言を聞いておもしろがったそうだ。

猫とネズミという組み合わせは、いくつかの詩に見られ、なかにはその対話が民話の一場面を思わせるものもある。

六匹のネズミがすわって糸紡ぎ／猫が通りかかってのぞきこんだ
みなさん、何をしているの？／紳士たちのシャツを織ってるのさ
中へ入って、糸を切ってあげましょうか？／お断りだよ、猫おくさん、ぼくら
の首を切るんだろ

「これはジャックが建てた家」（ATU2035）は、一行ずつ増えていく累積譚のような詩で、二百年前から親しまれているというが、「ジャックが建てた家にあったモルトを食べたネズミを殺した猫」が登場する。

ナンセンス詩の代表といえるような一編の中の猫は、楽器をかなでているようだ。

ヘイ、ディドル、ディドル／猫とフィドル
雌牛が月を飛びこえた／小犬がそれを見て笑い
お皿はスプーンと駆け落ちした

最後になぞなぞをひとつ紹介しよう。

セント・アイブスへ行った時／七人の奥さんを連れた男に出会った
どの奥さんにも七つの袋／どの袋にも猫が七匹
どの猫にも子猫が七匹／子猫と猫と袋と奥さん
セント・アイブスへ行ったものの数は？

これはひっかけ問題で、男や奥さんたちはセント・アイブスへ行ったのではなく、行ったのは「私」だけ。だから、最後の行を独立した質問と考えれば、答えは一に、「子猫と猫と袋と奥さんのうちのいくつ」ととれば、答えはゼロになる。答えも一（ワン）またはゼロ（ナン）と韻をふんでいる。このような形式の質問は、もともとは計算問題だったらしい。紀元前一六〇〇年ごろの数学のパピルスに「ある村に七軒の家があり、どの家にも七匹の猫がいて、どの猫も七匹のネズミを殺し、どのネズミも七粒の麦を食べ、どの麦も七ヘカットになったとする。これらの合計はいくつか」という問題があるそうだ。

（岩倉）

出典

（書名のあとの数字は、章-話番号）

アメリカ

Curtin, Jeremiah: *Seneca Indian Myths*, New York, 1992.　6–18

Goodwin, Grenville: *Myths and Tales of the Mountain Apache*, Tucson, 1994.　1–16　6–8

Swanton, John R.: *Myths and Tales of Southeastern Indians*, Norman, 1995.　7–15, 16

ブラジル

De Almeida, Aluísio: *Contos Populares do Planoalto*, São Paulo, Prefeitura de São Paulo, 1952.　5–7

De Almeida, Vieira e de Camara Cascudo, Luís: *Grande Fabulário de Portugal e do Brasil*, Lisboa, Fólio: Edições Artísticas Ltda. 1965.　7–10, 11, 12

Meira Trigueiro, Osvaldo e de Alencar Pimentel, Altimar: *Contos Populares Brasileiros-Paraíba*, Recife, Ediotra Massangana, 1996.　6–5

アイルランド

Ó'Dulearga, Séamus: *Leabhar Stiofain Ui Ealaoire*, Baile Átha Cliath (Dublin), Comhairle Bhéaloideas Éireann, 1981.　5–6

Ó'Dulearga, Séamus: *Seán Ó Conaille's Book*, Baile Átha Cliath (Dublin), Comhairle Bhéaloideas Éireann, 1981.　7–3

Ó'Faolain, Eileen: *Children of the Salmon and Other Irish Folktales*, Boston-Toronto, An Atlantic Monthly Press Book, 1965.　1–2, 13, 14

NFC S 800 pp.376–7, 1938.　3–5

NFC 132 p.130, 1925.　2–11

イギリス

Bowker, James: *Goblin Tales of Lancashire*, London: W Swan Sonnenschein & Co., 1878. reprint, Kessinger Publishing, 2007.　5–2

Campbell, John Gregorson: *Witchcraft and Second Sight in the Highlands and Islands of Scotland*. Glasgow: James MacLehose and Sons, 1902.　2–4　5–1, 4

The Celtic Magazine. Inverness: A. & W. Mackenzie, 1888.　2–19

Halliwell-Phillipps, Sidney Orchard: *Popular Rhymes and Nursery Tales*, London: John

Russell Smith, 1849. reprint, Detroit: Singing Tree Press, 1968. 5–5
Henderson, William: *Notes on the Folk-Lore of the Northern Counties of England and the Borders*, London: W. Satchell, Peyton and Co., 1879. 2–8

フランス

Andrews, J.B.: *Contes Ligures, traditions de la Rivière*, 1892. 2–13
Carton, Fernand: *Récits et contes populaire des Flandres*, Gallimard, 1980. 2–7
Cosquin, Emmanuel: *Contes populaires de Lorraine*, Paris, 1886, Laffite reprints, 1978. 6–13
Luzel, F.M.: *Contes populaires de la Basse-Bretagne, t.3*, Maisonneuve & Larose, 1967. 2–14
Rolland, Eugene: *Faunes populaires de la France*, tome IV, 1967. 2–1, 9 5–10
R.T.P., 1891, pp.594–596. 2–17
Sébillot, P.: *R.T.P.*, Contes du pays de Bigorre, 1902. 4–3
Sébillot, Paul: *Contes populaires de la Haute Bretagne*, tomeI, 1880. 2–12

スペイン

P. Esteban, A. Lorenzo, J. Camarena が Montejo de la Sierra, Madrid で採集した稿本 7–2

ポルトガル

Oliveira, Athaide: *Contos Tradicionais do Algarve* V.I, Tavira, Typographia Burocratica, 1900.　6–4

イタリア

Guidi, Oscar: *Gli Streghi, le Streghe...*, Lucca, 1990.　2–3

Gastone, Venturelli: *Documenti di narrativa popolare Toscana*, Lucca, 1983.　5–8　7–13

ドイツ語圏（ドイツ、スイス、オーストリア）

Colshorn, Carl und Theodor: *Märchen und Sagen*. Reprint d. Ausg. (*Märchen und Sagen aus Hannover*) Hannover: 1854. Hildesheim [u.a.]: Olms, 1984.　2–6, 18

Jahn, Ulrich: *Schwänke und Schnurren aus Bauern Mund*. Berlin: 1890.　7–17

Jecklin, Dietrich (Hg.): *Volkstümliches aus Graubünden*. Reprint d. Ausg. Zürich: 1874. Zürich: Edition Olms AG, 1986.　2–15

Kuhn, A. und Schwartz, W. (Hg.): *Norddeutsche Sagen, Märchen und Gebräuche*. Reprint d. Ausg. Leipzig: 1853. Hildesheim [u.a.]: Olms, 1983.　5–13

Meier, Ernst (Hg.) :*Deutsche Volksmärchen aus Schwaben*. Reprint d. Ausg. Stuttgart: 1852. Hildesheim [u.a.]: Olms, 1977.　6–11

Müllenhoff, Karl (Hg.): *Sagen Märchen und Lieder der Herzogtümer Schleswig, Holstein und Lauenburg*. Neue Ausg. von Otto Mensing. 1921. Neudruck. Kiel: Bernd Schramm, 1985.　2–2　5–11, 14　7–4

Handschriften von Karl Müllenhoff. In: Hüllen, Georg (Hg.): *Märchen der europäischen Völker*. Unveröffentlichte Quellen. Münster.　2–16

Nicolai, Friedrich: *Vade-Mecum für Lustige Leute*. 1786. In: Petzoldt, Leander (Hg.): *Detsche Schwänke*. Stuttgart: 1979.　6–3

Pröhle, Heinrich: *Harzsagen*. Göttingen: 1957.　5–9

Rochholz, Ernst Ludwig: *Schweizersagen aus dem Aargau*. Reprint d. Ausg. Aarau: 1856. Zürich: Edition Olms AG., 1989.　5–12

Schneller, Christian: *Märchen und Sagen aus Wälschtirol*. Reprint d. Ausg. Innsbruck: 1867. Hildesheim [u.a.]: Olms, 1976.　4–4

Wolf, J.W. (Hg.): *Hessische Sagen*. Reprint d. Ausg. Leipzig: 1853, Hildesheim [u.a.]: Olms, 1982.　2–10

Zingerle, I. und J.: *Kinder- und Hausmärchen aus Tirol*. Reprint d. Ausg. Innsbruck: 1852. Hildesheim [u.a.]: Olms, 1976.　2–5

ブルガリア

Каралийчев, Ангел: *Български народни приказки*. София, 1960.　4–6

リトアニア

Велюс, Н.: *Цветок папоротника*. Вага. 1989. 5–3

ラトビア

Арайс, К.: *Латыские народные сказки*. Рига. 1965. 1–15 6–12, 14, 15, 16, 17 7–1, 14

アルメニア

А. Т. Ганаланян.: *Армнские предания*. Ереван. 1979. 1–4, 5, 6

ロシア

Кралина, Н.: *Сто сказок удмурткого народа*. Ижевск. 1961. 1–7

"Народные песни, сказки и легенды костормской губерни." 1909. В журнале *Губеренский дом* 1996–5. 1–3

Зеленин, К.: *Великаруские сказки пермисклй губерни*. Записи РГО. 1914. 3–4

Карнаухова, И.: *Сказки и предания северного края*. Л. 1934. 6–10

ウクライナ

Березеовсъкий, П.: *Казки про тварин*. Киев. 1976.　6–1

インド

Crooke, William & R. G. Chaube: From *North Indian Notes & Queries*, 1892 (reprint *Folktales from Northern India*, 2002).　4–5

Knowles, J. Hinton: *Folk Tales of Kashmir*, London, 1893.　4–2

Swynnerton, Charles: *Romantic Tales from the Panjab with Indian Nights' Entertainment*, 1908.　6–6

スリランカ

Parker, Henry: *Village Folk–Tales of Ceylon*, Volume I, London, 1910.　6–9

ベトナム

Ta Van Thong, Vo Quang Nhong: *Truyen co Koho*. Ha Noi: Nha xuat ban Van hoa Dan toc, 1988.　3–2

Ta Van Thong: *Truyen co Ma*. Ha Noi: Nha xuat ban Van hoa Dan toc, 1986.　3–1, 3　7–5

中国

中国少数民族民間文学叢書・故事大系『普米族民間故事選』上海文芸出版社 1994 1-1, 8, 9 4-1

中国民間故事集成『吉林巻』中国文聯出版公司出版 1992 1-10

中国少数民族民間文学叢書・故事大系『畲族民間故事選』1993 4-7

韓国

任晳宰編『任晳宰全集6・韓国口伝説話』1990 편민사 忠清南道 2-20

任晳宰編『任晳宰全集7・韓国口伝説話』1990 편민사 全羅北道 4-8

任晳宰編『任晳宰全集1・韓国口伝説話』1987 편민사 平安北道 4-9, 10

任晳宰編『任晳宰全集8・韓国口伝説話』1991 편민사 全羅北道 7-6

任晳宰編『任晳宰全集5・韓国口伝説話』1989 편민사 京畿道 7-7

モロッコ

Haquim, Mohammad ibn Azzuz: *Cuentos populares marroquíes I Cuentos de animals*, Consejo Superior de Investigaciones científicas, Madrid, 1954. 1-11 6-2 7-8

モザンビーク

De Almeida, Vieira e de Camara Cascudo, Luís: Grande Fabulário de Portugal e do Brasil,
Lisboa, Fólio: Edições Artísticas Ltda. 1965.　6-7　7-9

執筆者紹介

☆は編集委員

☆岩倉　千春（いわくら　ちはる）
イギリス、アイルランドの民話研究。共訳書に『アイルランド 民話の旅』（三弥井書店）、『世界昔ばなし』、共著書に『決定版 世界の民話事典』以上（講談社）など。

岩瀬　ひさみ（いわせ　ひさみ）
スコットランド、ゲール語圏民話研究。共訳書に『世界の龍の話』（三弥井書店）、論文に「ゲール語圏の白雪姫の類話（AT709）」（『昔話と呪物・呪宝』昔話―研究と資料―第25号）など。

剣持　弘子（けんもち　ひろこ）
日伊の民話研究。編訳書に『クリン王・イタリアの昔ばなし』（小峰書店）、『イタリアの昔話』（三弥井書店）、『子どもに語るイタリアの昔話』こぐま社など。

紺野　愛子（こんの　あいこ）
ブラジル・ポルトガル民話研究。『世界の犬の民話』で外国民話研究会の企画に初参加。

桜井　由美子（さくらい　ゆみこ）

フランスと日本の民話研究。論文に「昔話の中の娘たち―フランスのことわざを手がかりに―」『継子の栗拾い』考―AT480の視座から―」、共編に「奈良県橿原市・耳成の民話（上）（下）」など。

志賀　雪湖（しが　せつこ）

アイヌ語アイヌ文学研究。共訳書に『世界昔ばなし』（講談社）、論文に「遠島タネ媼の伝承―亮昌寺アイヌ語音声資料」（『アイヌ民族博物館研究報告』第四号）など。

新開　禎子（しんかい　よしこ）

アメリカ先住民の民話、教育人類学研究。

☆杉本　栄子（すぎもと　えいこ）

ドイツ語圏と日本の民話研究。共訳書に『世界の昔ばなし』、共著書に『決定版　世界の民話事典』『決定版　日本の民話事典』（講談社）、『遠野物語小事典』（ぎょうせい）など。

☆高津　美保子（たかつ　みほこ）

ドイツ語圏と日本の民話研究。『檜原の民話』（国土社）、絵本『白雪姫』（ほるぷ出版）、共著書に『ピアスの白い糸』（白水社）、『決定版　世界の民話事典』『世界の昔ばなし』（講談社）。

☆辻井　一美（つじい　ひとみ）

韓国の民話研究。論文に「日・韓の民話に見る製鉄王と鍛冶屋の葛藤に関する比較研究―『猿蟹合戦』と『虎とお婆さん』を中心に―」（『児童文学思想』）。

難波　美和子（なんば　みわこ）

インドの昔話、インドの民俗学研究と植民地支配の関係、イギリス文学におけるインド・イメージの形成などを研究。論文に「Nabobとは誰か？ 18―19世紀アングロ・インディアンの肖像をめぐって」（熊本県立大学文学部紀要）。

新倉　朗子（にいくら　あきこ）
フランス民話・児童文学研究。編訳書に『完訳　ペロー童話集』『フランス民話集』（岩波文庫）、『フランスの昔話』（大修館書店）など。

星野　瑞子（ほしの　みずこ）
ドイツ・オーストリア民話研究。共訳書に『世界昔ばなし』、共著書に『決定版　世界の民話事典』（以上講談社）、論文・翻訳書に「ドイツの小人たち」（民話の手帖）など。

本多　守（ほんだ　まもる）
ベトナム少数民族人類学研究。論文に「ベトナム中南部少数民族の説話の分析（1，2）」（『白山人類学7，8』）、翻訳に『ラグライの昔話』（岩田書院）、『ヴェトナム少数民族の神話』（明石書店）など。

三倉　智子（みくら　さとこ）
日本民俗学、口承文芸を専攻。比較研究のために中国語を学ぶ。『世界の花と草木の民話』（三弥井書店）共訳。

三原　幸久（みはら　ゆきひさ）
スペイン語を中心とした昔話の国際比較研究。『スペインの昔話』（三弥井書店）、『ラテン・

アメリカの昔話』(岩崎美術社)など多数。

八百板　洋子(やおいた　ようこ)

ブルガリア・マケドニア文学研究。翻訳書に『ふたつの情念』(新読書社・第13回日本翻訳文化賞特別賞)、『吸血鬼の花よめ』(福音館書店・第33回日本翻訳文化賞)など。

☆渡辺　節子(わたなべ　せつこ)

ロシア民話研究。編訳書に『ロシアの民話』(恒文社)、『ロシア民衆の口承文芸』『ロシアの昔話を伝えた人々』(ワークショップ80)など。

渡辺　洋子(わたなべ　ようこ)

アイルランド伝承文学研究。アイルランド語を学ぶ。『子どもに語るアイルランドの昔話』(こぐま社)、『アイルランド民話の旅』(三弥井書店)、いずれも共編訳。

本書は二〇一〇年二月、三弥井書店より刊行された。

世界の犬の民話　日本民話の会 外国民話研究会編訳

最も身近でありながらどこか底知れない動物、犬。犬を始祖とする神話から人間への忠義を示す挿話まで「人間最良の友」にまつわる伝説・昔話を集成。

完訳 グリム童話集（全7巻）　野村泫訳

改訂を重ねたグリム童話の決定版第七版を完訳。お馴染みの物語から知られざる名作まで全211篇。ドイツ国立図書館蔵のカラー図版多数収録。

ギリシア神話　串田孫一

ゼウスやエロス、プシュケやアプロディテなど、人間くさい神々をめぐる複雑なドラマを、わかりやすく綴った若い人たちへの入門書。

妖精の女王（全4巻・分売不可）　エドマンド・スペンサー 和田勇一／福田昇八訳

16世紀半ばの英国の詩人スペンサーの代表作。「アーサー王物語」をベースとして、6人の騎士が竜退治や姫君救出に活躍する波乱万丈の冒険譚。

ギリシア・ローマの神話　吉田敦彦

欧米の文化を生みだし、発展させてきた、重要な原動力の一つである神話集。人間くさい神たちと英雄たちの、恋と冒険のドラマ。（松村一男）

ケルトの神話　井村君江

古代ヨーロッパの先住民族ケルト人が伝え残した幻想的な神話の数々。目に見えない世界を信じ、妖精たちと交流するふしぎな民族の源をたどる。

ケルト妖精物語　W・B・イエイツ編 井村君江編訳

群れなす妖精もいれば一人暮らしの妖精もいる。不思議な世界の住人達がいきいきと甦る。イエイツが贈るアイルランドの妖精譚の数々。

妖怪・妖精譚 小泉八雲コレクション　小泉八雲 池田雅之編訳

ハーンの語り部としての才能が発揮された再話の代表作53篇。素朴さと雅趣を活かした再話文体に配慮した個人新訳。妻節子の「思い出の記」付。

バートン版 千夜一夜物語（全11巻）　大場正史訳 古沢岩美・絵

めくるめく愛と官能に彩られたアラビアの華麗な物語──奇想天外の面白さ、世界最大の奇書の名訳による決定版。鬼才・古沢岩美の甘美な挿絵付。

私の猫たち許してほしい　佐野洋子

少女時代を過ごした北京。リトグラフを学んだベルリン。猫との奇妙なふれあい。著者のおいたちと日常をオムニバス風につづる。（高橋直子）

東京ねこ景色　橋蓮二

世田谷の路地、谷中の墓上、円山町ホテル街の狭間……ヒトを見つめつつ東京を闊歩するねこたちのベスト・ショット写真集。（立川談春）

キャッツ　T・S・エリオット　池田雅之訳

劇団四季の超ロングラン・ミュージカルの原作新訳版。あまのじゃく猫におちゃめ猫、猫の犯罪王に鉄道猫。15の物語とカラーさしえ14枚入り。

ブルース・キャット　岩合光昭

どこにいてもネコは自由！　地中海の埠頭やイタリア古都の路地からガラパゴス諸島まで、世界各地の街で出会ったネコたちの、とびきり幸せな写真集。

ボサノバ・ドッグ　岩合光昭

そこにイヌがいるだけで光が変わる！　東アフリカの遊牧民、スリランカの僧院から極北の犬橇まで、ヒトと共に暮らすイヌたちの写真集。（糸井重里）

動物農場　ジョージ・オーウェル　開高健訳

自由と平等を旗印に、いつのまにか全体主義や恐怖政治が社会を覆っていく様を痛烈に描き出す。『一九八四年』と並ぶG・オーウェルの代表作。

世界幻想文学大全　幻想文学入門　東雅夫編著

幻想文学のすべてがわかるガイドブック。澁澤龍彦、中井英夫、カイヨワ等の幻想文学案内のエッセイも収録し、資料も充実。初心者も通も楽しめる。

世界幻想文学大全　怪奇小説精華　東雅夫編

ルキアノスから、デフォー、メリメ、ゴーチエ、ゴーゴリ……時代を超えたベスト・オブ・ベスト。岡本綺堂、芥川龍之介等の名訳も読みどころ。

世界幻想文学大全　幻想小説神髄　東雅夫編

ノヴァーリス、リラダン、マッケン、ボルヘス……時代を超えたベスト・オブ・ベスト。松村みね子、堀口大學、窪田般彌等の名訳も読みどころ。

柳花叢書　山海評判記／オシラ神の話　泉鏡花／柳田國男　東雅夫編

泉鏡花の気宇壮大にして謎めいた長篇傑作とそのアイディアの元となった柳田國男のオシラ神研究論考を網羅して一冊に。小村雪岱の挿絵が花を添える。

日本幻想文学大全　幻妖の水脈　東雅夫編

『源氏物語』から小泉八雲、泉鏡花、江戸川乱歩、都筑道夫……。妖しさ蠢く日本幻想文学、ボリューム満点のオールタイムベスト。

日本幻想文学大全
幻視の系譜
東雅夫編

世阿弥の謡曲から、小川未明、夢野久作、宮沢賢治、中島敦、吉村昭……。幻視の閃きに満ちた日本幻想文学の逸品を集めたベスト・オブ・ベスト。

日本幻想文学大全
日本幻想文学事典
東雅夫

日本の怪奇幻想文学を代表する作家と主要な作品を、第一人者の解説と共に網羅する空前のレファレンス・ブック。初心者からマニアまで必携！

柳花叢書
河童のお弟子
泉鏡花／柳田國男／芥川龍之介
東雅夫編

大正・昭和の怪談シーンを牽引し、「おばけずき」師弟でもあった鏡花・柳田・芥川。それぞれの〈河童〉作品を集めた前代未聞のアンソロジー。

文豪怪談傑作選
吉屋信子集
吉屋信子
東雅夫編

少女小説の大家は怪奇幻想短篇小説の名手でもあった。闇に翻弄される人の心理を鮮やかに美しく描きだす異色の怪談集。文庫未収録を多数収録。

文豪怪談傑作選
柳田國男集
柳田國男
東雅夫編

日本にはかつてたくさんの妖怪が生きていた。各地に伝わる怪しの者たちの痕跡を丹念にたどった柳田民俗学のエッセンスを1冊に。遠野物語ほか。

文豪怪談傑作選
三島由紀夫集
三島由紀夫
東雅夫編

川端康成を師と仰ぎ澁澤龍彦や中井英夫の「兄貴分」であった三島の、怪奇幻想作品集成。「英霊の聲」ほか怪談入門に必読の批評エッセイも収録。

文豪怪談傑作選
室生犀星集
室生犀星
東雅夫編

失った幼子への想い、妻への鬱屈した思い、幻惑される都市の暗闇……すべてが幻想恐怖譚に結実する。身震いするほどの名作を集めた珠玉の一冊。

文豪怪談傑作選・特別篇
鏡花百物語集
泉鏡花
東雅夫編

大正年間、泉鏡花肝煎りで名だたる文人が集まって行われた怪談会。都新聞で人々の耳目を集めた怪談会の記録と、そこから生まれた作品を一冊に。

文豪怪談傑作選
太宰治集
太宰治
東雅夫編

祖母の影響で子供の頃から怪談好きだった太宰治。表題作「哀蚊」や「魚服記」はじめ、本当は恐ろしい幽暗な神髄を一冊にまとめる。

文豪怪談傑作選
折口信夫集
折口信夫
東雅夫編

神と死者の声をひたすら聞き続けた折口信夫の怪談アンソロジー。物怪たちが跋扈活躍する「稲生物怪録」を皮切りに日本の根の國からの声が集結。

オーランドー
ヴァージニア・ウルフ
杉山洋子訳
エリザベス女王お気に入りの美少年オーランドー、ある日目をさますと女になっていた——4世紀を駆ける万華鏡ファンタジー。（小谷真理）

不思議の国のアリス
ルイス・キャロル
柳瀬尚紀訳
おなじみキャロルの傑作。子どもむけにおもねらず、ことば遊びを含んだ、透明感のある物語を原作の香気そのままに日本語に翻訳。（楠田枝里子）

猫語の教科書
ポール・ギャリコ
灰島かり訳
ある日、編集者の許に不思議な原稿が届けられた。それはなんと、猫が書いた猫のための「人間のしつけ方」の教科書だった……!?（大島弓子）

クラウド・コレクター〈手帖版〉
クラフト・エヴィング商會
得体の知れない機械、奇妙な譜面や小箱、酒の空壜……。不思議な国アゾットへの驚くべき旅行記。単行本版に加筆、イラスト満載の〈手帖版〉。

すぐそこの遠い場所
クラフト・エヴィング商會
坂本真典・写真
遊星オペラ劇場、星屑膏薬、夕方だけに走る小列車、雲母の本……。茫洋とした霧の中にあるような、懐かしい国アゾットの、永遠に未完の事典。

ケルトの薄明
W・B・イエイツ
井村君江訳
無限なものへの憧れ。ケルトの哀しみ。イエイツ自身が実際に見たり聞いたりした、妖しくも美しい話ばかり40篇。（訳し下ろし）

ケルトの白馬／ケルトとローマの息子
ローズマリー・サトクリフ
灰島かり訳
ブリテン・ケルトもの歴史ファンタジーの第一人者による珠玉の少年譚。実在の白馬の遺跡をモチーフにした代表作ほか一作。（荻原規子）

炎の戦士クーフリン／黄金の騎士フィン・マックール
ローズマリー・サトクリフ
灰島かり／金原瑞人／久慈美貴訳
神々と妖精が生きていた時代の物語。かつてエリンと言われた古アイルランドを舞台に、ケルト神話に名高いふたりの英雄譚を1冊に。（井辻朱美）

火星の笛吹き
レイ・ブラッドベリ
仁賀克雄訳
本邦初訳の処女作「ホラーボッケンのジレンマ」を含む、若きブラッドベリの初期スペース・ファンタジーの傑作20篇を収録。（服部まゆみ）

クマのプーさんエチケット・ブック
A・A・ミルン
高橋早苗訳
『クマのプーさん』の名場面とともに、プーが教えるマナーとは？ 思わず吹き出してしまいそうな可愛らしい教えたっぷりの本。（浅生ハルミン）

別世界物語（全3巻・分売不可）　C・S・ルイス　中村妙子他訳

香気あふれる神学的SFファンタジー。マラカンドラ（沈黙の惑星を離れて）、ペレランドラ（金星への旅）、サルカンドラ（かの忌わしき砦）。

絵本ジョン・レノンセンス　ジョン・レノン　片岡義男／加藤直訳

ビートルズの天才詩人による詩とミニストーリーと絵。言葉遊び、ユーモア、風刺に満ちたファンタジー。原文付。序文＝P・マッカートニー。

源氏物語（全6巻）　大塚ひかり全訳

現代と同じ愛の悩みや病理を抱える登場人物たちがリアリティをもって迫る。物語の真髄に迫るナビゲーション付きでするするわかる現代語全訳。

今昔物語　福永武彦訳

平安末期に成り、庶民の喜びと悲しみを今に伝える今昔物語。訳者自身が選んだ155篇の物語は名訳を得て、より身近に蘇る。（池上洵一）

徒然草・方丈記　大伴茫人編

古典を読みはじめたい、読みなおしたいと思う読者のための古典入門書。各段とも現代語訳から入り、原文とていねいな語釈を付した。

アーサー王ロマンス　井村君江

アーサー王と円卓の騎士たちの謎に満ちた物語。戦いと愛と聖なるものを主題にくり広げられる一大英雄ロマンスの、エッセンスを集めた一冊。

タオ――老子　加島祥造

さりげない詩句で語られる宇宙の神秘と人間の生きるべき大道とは？　時空を超えて新たに甦る『老子道徳経』全81章の全訳創造詩。待望の文庫版！

ギリシア悲劇（全4巻）

荒々しい神の正義、神意と人間性の調和、人間の激情と心理。三大悲劇詩人（アイスキュロス、ソポクレス、エウリピデス）の全作品を収録する。

ダブリンの人びと　ジェイムズ・ジョイス　米本義孝訳

20世紀初頭、ダブリンに住む市民の平凡な日常をリアリズムに徹した手法で描いた短篇小説集。リズミカルで斬新な新訳。各章の関連地図と詳しい解説付。

荒涼館（全4巻）　C・ディケンズ　青木雄造他訳

上流社会、政界、官界から底辺の貧民、浮浪者まで巻き込んだ因縁の訴訟事件。小説の面白さをすべて盛り込み壮大なスケールで描いた代表作。（青木雄造）

ボードレール全詩集Ⅰ
シャルル・ボードレール 阿部良雄 訳
詩人として、批評家として、思想家として、近年重要度を増しているボードレールのテクストを世界的な学者の個人訳で集成する初の文庫版全詩集。

レ・ミゼラブル（全5巻）
ユゴー 西永良成 訳
慈愛あふれる司教との出会いによって心に光を与えられ、ジャン・ヴァルジャンは新しい運命へと旅立つ——叙事詩的な長篇を読みやすい新訳でおくる。

ガルガンチュアとパンタグリュエル（全5巻）
フランソワ・ラブレー 宮下志朗 訳
フランス・ルネサンス文学の記念碑的大作。〈知〉の一大転換期の爆発的エネルギーと感動をつたえる画期的新訳。第64回読売文学賞研究・翻訳賞受賞作。

猫語のノート
ポール・ギャリコ 西川治 写真 灰島かり 訳
猫たちのつぶやきを集めた小さなノート。その時の猫たちの思いが写真とともに1冊になった。『猫語の教科書』姉妹篇。（大島弓子・角田光代）

郵便局と蛇
A・E・コッパード 西崎憲 編訳
日常の裏側にひそむ神秘と怪奇を淡々とした筆致で描く、孤高の英国作家の詩情あふれる作品集。新訳一篇を追加し、巻末に訳者による評伝を収録。

グリンプス
ルイス・シャイナー 小川隆 訳
ドアーズ、ビーチ・ボーイズ、ジミヘンにビートルズ。幻のアルバムを求めて60年代へタイムスリップ。ロックファンに誉れ高きSF小説が甦る。

ブラウン神父の無心
G・K・チェスタトン 南條竹則／坂本あおい訳
ホームズと並び称される名探偵「ブラウン神父」シリーズを鮮烈な新訳で。「木の葉を隠すなら森のなか」などの警句と逆説に満ちた探偵譚。（高沢治）

ブラウン神父の知恵
G・K・チェスタトン 南條竹則／坂本あおい訳
独特の人間洞察力と鋭い閃きでブラウン神父が逆説に満ちたこの世界の在り方を解き明かす。全12篇を収録。新訳シリーズ第二弾。（甕由己夫）

ムーミンのふたつの顔
冨原眞弓
児童文学の他に漫画もアニメもあるムーミン。媒体や時期で少しずつ違うその顔を丁寧に分析し、本質に迫る。トリビア情報も満載。（梨木香歩）

ムーミンを読む
冨原眞弓
ムーミンの第一人者が一巻ごとに丁寧に語る、ムーミン物語の魅力！徐々に明らかになるムーミン一家の過去や仲間たち。ファン必読の入門書。

短篇小説日和　西崎憲 編訳
短篇小説は楽しい！　大作家から忘れられたマイナー作家の小品まで、英国らしさ漂う一風変わった傑作を集めました。巻末に短篇小説論考を収録。

怪奇小説日和　西崎憲 編訳
怪奇小説の神髄は短篇にある。ジェイコブズ「失われた船」、エイクマン「列車」など古典的怪談から異色短篇まで18篇を収めたアンソロジー。

お菓子の髑髏　レイ・ブラッドベリ　仁賀克雄 訳
若き日のブラッドベリが探偵小説誌に発表した作品のなかから選ばれた15篇。ブラッドベリらしい、ひねりのきいたミステリ短篇集。

オシリスの眼　R・オースティン・フリーマン　渕上痩平 訳
忽然と消えたエジプト学者は殺害されたのか？　名探偵ホームズ最強のライバル、ソーンダイク博士が緻密なロジックで事件に挑む。英国探偵小説の古典。

エドガー・アラン・ポー短篇集　エドガー・アラン・ポー　西崎憲 編訳
ポーが描く恐怖と想像力の圧倒的なパワーは、時を超え深い影響を与え続ける。よりすぐりの短篇７篇を新訳で贈る。巻末に作家小伝と作品解説。

あなたは誰？　ヘレン・マクロイ　渕上痩平 訳
匿名の電話の警告を無視してフリーダは婚約者の実家へ向かうが、その夜のパーティで殺人事件が起こる。本格ミステリの巨匠マクロイの初期傑作。

二人のウィリング　ヘレン・マクロイ　渕上痩平 訳
本人の目前に現れたウィリング博士を名乗る男は誰か。「啼く鳥は絶えてなし」というダイイングメッセージの謎をめぐる冒険が始まる。（深緑野分）

トーベ・ヤンソン短篇集　トーベ・ヤンソン　冨原眞弓 編訳
ムーミンの作家にとどまらないヤンソンの作品の奥行きと背景を伝える短篇のベスト・セレクション。「愛の物語」「時間の感覚」「雨」など、全20篇。

誠実な詐欺師　トーベ・ヤンソン　冨原眞弓 訳
〈兎屋敷〉に住む、ヤンソンを思わせる老女性作家。彼女に対し、風変わりな娘がめぐらす長いたくらみとは？　傑作長編がほとんど新訳で登場。

トーベ・ヤンソン短篇集　黒と白　トーベ・ヤンソン　冨原眞弓 編訳
ムーミンの作家ヤンソンは優れた短篇小説作家でもある。フィンランドの暗く長い冬とオーロラさながら、孤独と苦悩とユーモアに溢れた17篇を集める。

ムーミン・コミックス セレクション１
ムーミン谷へようこそ
トーベ・ヤンソン＋ラルス・ヤンソン
冨原眞弓編訳

ムーミン・コミックスのベストセレクション。１巻はムーミン谷で暮らす仲間たちの愉快なエピソードを４話収録。オリジナルムーミンの魅力が存分に。

ムーミン・コミックス セレクション２
ムーミン一家のふしぎな旅
トーベ・ヤンソン＋ラルス・ヤンソン
冨原眞弓編訳

ムーミン・コミックスのベストセレクション。２巻は日常を離れ冒険に出たムーミンたちのエピソードを４話収録。コミックスにしかいないキャラも。

コンパス・ローズ
アーシュラ・Ｋ・ル＝グウィン
越智道雄訳

物語は収斂し、四散する。ジャンルを超えた20の短篇が紡ぎだす豊饒な世界。「精神の海」を渡る航海者のための羅針盤。（石堂藍）

パヴァーヌ
キース・ロバーツ
越智道雄訳

１５８８年エリザベス１世暗殺。法王が権力を握り、蒸気機関が発達した「もう一つの世界」で20世紀、反乱の火の手が上がる。名作、復刊。（大野万紀）

ロルドの恐怖劇場
アンドレ・ド・ロルド
平岡敦編訳

二十世紀初頭のパリで絶大な人気を博した恐怖演劇グラン・ギニョル座。その座付作家ロルドが血と悪夢で紡ぎあげた二十二篇の悲鳴で終わる物語。

リテラリーゴシック・イン・ジャパン
高原英理編

世界の残酷さと人間の暗黒面を不穏に、鮮烈に表現する「文学的ゴシック」。古典的傑作から現在第一線で活躍する作家まで、多彩な顔触れで案内する。

ファイン／キュート 素敵かわいい作品選
高原英理編

文学で表現される「かわいさ」は、いつだって、どこかファイン。古今の文学から、あなたを必ず「きゅん」とさせる作品を厳選したアンソロジー。

60年代日本ＳＦベスト集成
筒井康隆編

「日本ＳＦ初期傑作集」とでも副題をつけるべき作品集である（編者）。二十世紀日本文学のひとつの里程標となる歴史的アンソロジー。（大森望）

異形の白昼
筒井康隆編

様々な種類の「恐怖」を小説ならではの技巧で追求した戦慄すべき名篇たちを収める。わが国のアンソロジー文学史に画期をなす一冊。（東雅夫）

70年代日本ＳＦベスト集成１
筒井康隆編

日本ＳＦの黄金期の傑作を、同時代にセレクトした記念碑的アンソロジー。ＳＦに留まらず「文学の新しい可能性」を切り開いた作品群。（荒巻義雄）

70年代日本SFベスト集成2　筒井康隆編
星新一、小松左京の巨匠から、編者の「おれに関する噂」、松本零士のセクシー美女登場作まで、長篇なみの濃さをもった傑作群が並ぶ。（山田正紀）

70年代日本SFベスト集成3　筒井康隆編
「日本SFの滲透と拡散が始まった年」である1973年の傑作群。デビュー間もない諸星大二郎の「不安の立像」など名品が並ぶ。（佐々木敦）

70年代日本SFベスト集成4　筒井康隆編
「1970年代の日本SF史としての意味も持たせたいというのが編者の念願である」——同人誌投稿作から巨匠までを揃えるシリーズ第4弾。（堀晃）

70年代日本SFベスト集成5　筒井康隆編
最前線の作家であり希代のアンソロジスト筒井康隆が日本SFの凄さを凝縮して示したシリーズ最終巻。全巻読めばあの時代が追体験できる。（豊田有恒）

とりつくしま　東直子
死んだ人に「とりつくしま係」が言う。モノになってこの世に戻れますよ。妻は夫のカップに弟子は先生の扇子になった。連作短篇集。（大竹昭子）

宮沢賢治のオノマトペ集　宮沢賢治　杉田淳子編　栗原敦監修
賢治ワールドの魅力的な擬音をセレクト・解説した画期的な一冊。ご存じ「どっどどどどうど　どどうどどどう」など、声に出して読みたくなります。

ラピスラズリ　山尾悠子
言葉の海が紡ぎだす、〈冬眠者〉と人形と、春の目覚めの物語。不世出の幻想小説家が20年の沈黙を破り発表した連作長篇。補筆改訂版。（千野帽子）

増補 夢の遠近法　山尾悠子
「誰かが私に言ったのだ／世界は言葉でできていると」。誰も夢見たことのない世界が、ここではじめて言葉になった。新たに二篇を加えた増補決定版。

つむじ風食堂の夜　吉田篤弘
それは、笑いのこぼれる夜。——食堂は、十字路の角にぽつんとひとつ灯をともしていた。クラフト・エヴィング商會の物語作家による長篇小説。

という、はなし　吉田篤弘文　フジモトマサル絵
読書をめぐる24の小さな絵物語集。夜行列車で、灯台で、風呂で、車で、ベッドで、本を開く。開いた人と開いた本のひとつひとつに物語がある。

東京エレジー 安西水丸

どこか影をひきずった女たちとの出会いと別れ。かけがえのない友との交遊。50年代の東京を舞台に描く自伝的連作長篇漫画。（川本三郎）

虫けら様 秋山あゆ子

五分の魂はかくもおかしくうつくしくいとおしい。緻密でユーモアあふれるタッチで描かれた虫たちの暮らし。帯文＝養老孟司（メレ山メレ子）

ひょっこりひょうたん島（全13巻・分売不可） 井上ひさし 山元護久

かつて、NHKテレビで放映され、世代を越えた支持を得て、圧倒的な視聴率を誇った人形劇ミュージカルの初の活字化。イラスト多数。楽譜付。

水鏡綺譚 近藤ようこ

戦国の世、狼に育てられ修行をするワタルと、記憶をなくした鏡子の物語。著者自身も一番好きだったという代表作。推薦文＝高橋留美子（南伸坊）

合葬 杉浦日向子

江戸の終りを告げた上野戦争。時代の波に翻弄された彰義隊の若き隊員たちの生と死を描く歴史ロマン。第13回日本漫画家協会賞優秀賞受賞。（小沢信男）

ゑひもせす 杉浦日向子

著者がこよなく愛した江戸庶民たちの日常ドラマ。町娘の純情を描いた「袖もぎ様」、デビュー作「通言室乃梅」他8篇の初期作品集。（夏目房之介）

ニッポニア・ニッポン 杉浦日向子

はるか昔に思える明治も江戸も、今の日本と地つづきなのです。江戸・明治を描き続けた杉浦日向子が案内する〝ニッポン開化事情〟。（中島梓／林丈二）

東のエデン 杉浦日向子

西洋文化が入ってきた文明開化のニッポン。その時代の空気と生きた人々の息づかいを身近に感じさせる、味わい深い作品集。（赤瀬川原平）

とんでもねえ野郎 杉浦日向子

江戸蒟蒻島の道場主、桃園彦次郎は日々これやりたい放題。借金ふみ倒し、無銭飲食、朝帰り……起承転々、貧乏御家人放蕩控。久住昌之氏との対談付き。

百日紅《さるすべり》（上） 杉浦日向子

文化爛熟する文化文政期の江戸の街の暮らし・風俗・浮世絵の世界を多彩な手法で描き出す代表作の決定版。初の文庫化。（夢枕獏）

百日紅（下） 杉浦日向子

北斎、娘のお栄、英泉、国直……奔放な絵師たちが闊歩する文化文政の江戸。淡々とした明るさと幻想が織りなす傑作。

二つ枕 杉浦日向子

夜ごとくり返される客と花魁の駆け引き。江戸は吉原の世界をその背景を含めて精密に描いた表題作の他に短篇五篇を併録。（北方謙三）

YASUJI東京 杉浦日向子

明治の東京と昭和の東京を自在に往還し、夭折の画家井上安治が見た東京の風景を描く静謐な世界。他に単行本未収録四篇を併録。（南伸坊）

寺島町奇譚（全） 滝田ゆう

電気ブランを売るバー、銀ながしのおにいさん……戦前から戦中への時代を背景に、玉の井遊廓界隈の日常を少年キヨシの目で綴る。（吉行淳之介）

滝田ゆう落語劇場（全） 滝田ゆう

下町風俗を描いてピカ一の滝田ゆうが意欲満々取り組んだ古典落語の世界。作品はおなじみ「富久」「芝浜」「死神」「青菜」「付け馬」など三十席収録。

泥鰌庵閑話傑作選 滝田ゆう なぎら健壱編

純粋で人懐っこく寂しがり屋で、毎晩のように赤提灯で飲み歩く己の姿を活写した、滝田ゆうの私漫画一〇八話から四三話をセレクト。（なぎら健壱）

るきさん 高野文子

のんびりしていてマイペース、だけどどっかヘンテコな、るきさんの日常生活って？ 独特な色使いが光るオールカラー。ポケットに一冊どうぞ。

COM傑作選（上） 中条省平編

60年代末に、マンガ界に革命を起こした伝説の雑誌。手塚治虫、永島慎二をはじめ、矢代まさこ、岡田史子らの作品を再録。（中条省平）

COM傑作選（下） 中条省平編

伝説の雑誌に70年代に発表された、赤塚不二夫、松本零士、石ノ森章太郎、楠勝平、萩尾望都、樹村みのり、諸星大二郎らの作品を再録。（中条省平）

つげ義春コレクション（全9冊） つげ義春

マンガ表現の歴史を変えた、つげ義春。初期代表作から「ガロ」以降すべての作品、さらにイラスト・エッセイを集めたコレクション。

ちくま文庫

世界《せかい》の猫《ねこ》の民話《みんわ》

二〇一七年一月十日　第一刷発行

編訳者　日本民話の会／外国民話研究会
（にほんみんわのかい／がいこくみんわけんきゅうかい）
発行者　山野浩一
発行所　株式会社　筑摩書房
東京都台東区蔵前二―五―三　〒一一一―八七五五
振替〇〇一六〇―八―四一二三
装幀者　安野光雅
印刷所　中央精版印刷株式会社
製本所　中央精版印刷株式会社

乱丁・落丁本の場合は、左記宛にご送付下さい。
送料小社負担でお取り替えいたします。
ご注文・お問い合わせも左記へお願いします。
筑摩書房サービスセンター
埼玉県さいたま市北区櫛引町二―六〇四　〒三三一―八五〇七
電話番号　〇四八―六五一―〇〇五三

ISBN978-4-480-43425-8 C0139